TRANZLATY

La Langue est pour tout le Monde

Sproget er for alle

L'appel de la forêt

Når naturen kalder

Jack London

Français / Dansk

Dans le primitif
Ind i det primitive

Buck ne lisait pas les journaux.

Buck læste ikke aviserne.

S'il avait lu les journaux, il aurait su que des problèmes se préparaient.

Hvis han havde læst aviserne, ville han have vidst, at der var problemer i gang.

Il y avait des problèmes non seulement pour lui-même, mais pour tous les chiens de la marée.

Der var problemer ikke kun for ham selv, men for alle tidevandshunde.

Tout chien musclé et aux poils longs et chauds allait avoir des ennuis.

Enhver hund med stærke muskler og varm, lang pels ville komme i problemer.

De Puget Bay à San Diego, aucun chien ne pouvait échapper à ce qui allait arriver.

Fra Puget Bay til San Diego kunne ingen hund undslippe det, der ventede.

Des hommes, tâtonnant dans l'obscurité de l'Arctique, avaient trouvé un métal jaune.

Mænd, der famlede i det arktiske mørke, havde fundet et gult metal.

Les compagnies de navigation et de transport étaient à la recherche de cette découverte.

Dampskibs- og transportselskaber jagtede opdagelsen.

Des milliers d'hommes se précipitaient vers le Nord.

Tusindvis af mænd stormede ind i Nordlandet.

Ces hommes voulaient des chiens, et les chiens qu'ils voulaient étaient des chiens lourds.

Disse mænd ville have hunde, og de hunde, de ville have, var tunge hunde.

Chiens dotés de muscles puissants pour travailler.

Hunde med stærke muskler at slide med.

Chiens avec des manteaux de fourrure pour les protéger du gel.

Hunde med lodden pels for at beskytte dem mod frosten.

Buck vivait dans une grande maison dans la vallée ensoleillée de Santa Clara.

Buck boede i et stort hus i den solkyssede Santa Clara Valley.

La maison du juge Miller s'appelait ainsi.

Dommer Millers sted, blev hans hus kaldt.

Sa maison se trouvait en retrait de la route, à moitié cachée parmi les arbres.

Hans hus lå lidt tilbagetrukket fra vejen, halvt skjult mellem træerne.

On pouvait apercevoir la large véranda qui courait autour de la maison.

Man kunne få et glimt af den brede veranda, der strakte sig rundt om huset.

On accédait à la maison par des allées gravillonnées.

Huset blev nået via grusbelagte indkørsler.

Les sentiers serpentaient à travers de vastes pelouses.

Stierne snoede sig gennem vidstrakte græsplæner.

Au-dessus de nos têtes se trouvaient les branches entrelacées de grands peupliers.

Over dem var de flettede grene af høje popler.

À l'arrière de la maison, les choses étaient encore plus spacieuses.

Bag huset var tingene endnu mere rummelige.

Il y avait de grandes écuries, où une douzaine de palefreniers discutaient

Der var store stalde, hvor et dusin gomme snakkede

Il y avait des rangées de maisons de serviteurs recouvertes de vigne

Der var rækker af vinrankeklædte tjenerhytter

Et il y avait une gamme infinie et ordonnée de toilettes extérieures

Og der var en endeløs og ordentlig række af udhuse

Longues tonnelles de vigne, pâturages verts, vergers et parcelles de baies.

Lange vingårde, grønne enge, frugtplantager og bærmarker.

Ensuite, il y avait l'usine de pompage du puits artésien.

Så var der pumpeanlægget til den artesiske brønd.

Et il y avait le grand réservoir en ciment rempli d'eau.

Og der var den store cementtank fyldt med vand.

C'est ici que les garçons du juge Miller ont fait leur plongeon matinal.

Her tog dommer Millers drenge deres morgendukkert.

Et ils se sont rafraîchis là-bas aussi dans l'après-midi chaud.

Og de kølede også ned der i den varme eftermiddag.

Et sur ce grand domaine, Buck était celui qui régnait sur tout.

Og over dette store domæne var det Buck, der herskede over det hele.

Buck est né sur cette terre et y a vécu toutes ses quatre années.

Buck blev født på dette land og boede her alle sine fire år.

Il y avait bien d'autres chiens, mais ils n'avaient pas vraiment d'importance.

Der var ganske vist andre hunde, men de betød egentlig ikke noget.

D'autres chiens étaient attendus dans un endroit aussi vaste que celui-ci.

Andre hunde var forventet på et sted så stort som dette.

Ces chiens allaient et venaient, ou vivaient à l'intérieur des chenils très fréquentés.

Disse hunde kom og gik, eller boede inde i de travle kenneler.

Certains chiens vivaient cachés dans la maison, comme Toots et Ysabel.

Nogle hunde boede gemt i huset, ligesom Toots og Ysabel gjorde.

Toots était un carlin japonais, Ysabel un chien nu mexicain.

Toots var en japansk mops, Ysabel en mexicansk hårløs hund.

Ces étranges créatures sortaient rarement de la maison.

Disse mærkelige væsner gik sjældent uden for huset.

Ils n'ont pas touché le sol, ni respiré l'air libre à l'extérieur.

De rørte ikke jorden eller snusede i den fri luft udenfor.

Il y avait aussi les fox-terriers, au moins une vingtaine.

Der var også foxterrierene, mindst tyve i antal.

Ces terriers aboyaient férocement sur Toots et Ysabel à l'intérieur.

Disse terriere gøede voldsomt ad Toots og Ysabel indenfor.

Toots et Ysabel sont restés derrière les fenêtres, à l'abri du danger.

Toots og Ysabel blev bag vinduerne, i sikkerhed for overlast.

Ils étaient gardés par des domestiques munies de balais et de serpillères.

De blev bevogtet af huspiger med koste og mopper.

Mais Buck n'était pas un chien de maison, et il n'était pas non plus un chien de chenil.

Men Buck var ingen hushund, og han var heller ingen kennelhund.

L'ensemble de la propriété appartenait à Buck comme son royaume légitime.

Hele ejendommen tilhørte Buck som hans retmæssige rige.

Buck nageait dans le réservoir ou partait à la chasse avec les fils du juge.

Buck svømmede i akvariet eller gik på jagt med dommerens sønner.

Il marchait avec Mollie et Alice tôt ou tard le soir.

Han gik med Mollie og Alice i de tidlige eller sene timer.

Lors des nuits froides, il s'allongeait devant le feu de la bibliothèque avec le juge.

På kolde nætter lå han foran bibliotekets ilden med dommeren.

Buck a promené les petits-fils du juge sur son dos robuste.

Buck kørte dommerens børnebørn på sin stærke ryg.

Il roula dans l'herbe avec les garçons, les surveillant de près.

Han rullede sig i græsset med drengene og bevogtede dem nøje.

Ils s'aventurèrent jusqu'à la fontaine ct même au-delà des champs de baies.

De vovede sig hen til springvandet og endda forbi bærmarkerne.

Parmi les fox terriers, Buck marchait toujours avec une fierté royale.

Blandt foxterrierene gik Buck altid med kongelig stolthed.

Il ignora Toots et Ysabel, les traitant comme s'ils étaient de l'air.

Han ignorerede Toots og Ysabel og behandlede dem, som om de var luft.

Buck régnait sur toutes les créatures vivantes sur les terres du juge Miller.

Buck herskede over alle levende væsner på dommer Millers land.

Il régnait sur les animaux, les insectes, les oiseaux et même les humains.

Han herskede over dyr, insekter, fugle og endda mennesker.

Le père de Buck, Elmo, était un énorme et fidèle Saint-Bernard.

Bucks far, Elmo, havde været en enorm og loyal sanktbernhardshund.

Elmo n'a jamais quitté le juge et l'a servi fidèlement.

Elmo forlod aldrig dommerens side og tjente ham trofast.

Buck semblait prêt à suivre le noble exemple de son père.

Buck syntes parat til at følge sin fars ædle eksempel.

Buck n'était pas aussi gros, pesant cent quarante livres.

Buck var ikke helt så stor og vejede hundrede og fyrre pund.

Sa mère, Shep, était un excellent chien de berger écossais.

Hans mor, Shep, havde været en fin skotsk hyrdehund.

Mais même avec ce poids, Buck marchait avec une présence royale.

Men selv med den vægt gik Buck med en majestætisk tilstedeværelse.

Cela venait de la bonne nourriture et du respect qu'il recevait toujours.

Dette kom fra god mad og den respekt, han altid modtog.

Pendant quatre ans, Buck a vécu comme un noble gâté.

I fire år havde Buck levet som en forkælet adelsmand.

Il était fier de lui, et même légèrement égoïste.

Han var stolt af sig selv, og endda en smule egoistisk.

Ce genre de fierté était courant chez les seigneurs des régions reculées.

Den slags stolthed var almindelig blandt afsidesliggende landsherrer.

Mais Buck s'est sauvé de devenir un chien de maison choyé.

Men Buck reddede sig selv fra at blive en forkælet hushund.

Il est resté mince et fort grâce à la chasse et à l'exercice.

Han forblev slank og stærk gennem jagt og motion.

Il aimait profondément l'eau, comme les gens qui se baignent dans les lacs froids.

Han elskede vand dybt, ligesom folk der bader i kolde søer.

Cet amour pour l'eau a gardé Buck fort et en très bonne santé.

Denne kærlighed til vand holdt Buck stærk og meget sund.

C'était le chien que Buck était devenu à l'automne 1897.

Det var den hund, Buck var blevet til i efteråret 1897.

Lorsque la découverte du Klondike a attiré des hommes vers le Nord gelé.

Da Klondike-angrebet trak mænd til det frosne nord.

Des gens du monde entier se sont précipités vers ce pays froid.

Folk strømmede fra hele verden til det kolde land.

Buck, cependant, ne lisait pas les journaux et ne comprenait pas les nouvelles.

Buck læste imidlertid ikke aviser og forstod heller ikke nyheder.

Il ne savait pas que Manuel était un homme désagréable à fréquenter.

Han vidste ikke, at Manuel var en dårlig mand at være sammen med.

Manuel, qui aidait au jardin, avait un problème grave.

Manuel, som hjalp til i haven, havde et alvorligt problem.

Manuel était accro aux jeux de loterie chinois.

Manuel var afhængig af at spille i det kinesiske lotteri.

Il croyait également fermement en un système fixe pour gagner.

Han troede også stærkt på et fast system til at vinde.

Cette croyance rendait son échec certain et inévitable.

Den tro gjorde hans fiasko sikker og uundgåelig.

Jouer un système exige de l'argent, ce qui manquait à Manuel.

At spille et system kræver penge, hvilket Manuel manglede.

Son salaire suffisait à peine à subvenir aux besoins de sa femme et de ses nombreux enfants.

Hans løn kunne knap nok forsørge hans kone og mange børn.

La nuit où Manuel a trahi Buck, les choses étaient normales.

Den aften Manuel forrådte Buck, var alting normalt.

Le juge était présent à une réunion de l'Association des producteurs de raisins secs.

Dommeren var til et møde i rosinavlerforeningen.

Les fils du juge étaient alors occupés à former un club d'athlétisme.

Dommerens sønner var dengang travlt optaget af at danne en atletikklub.

Personne n'a vu Manuel et Buck sortir par le verger.

Ingen så Manuel og Buck gå gennem frugtplantagen.

Buck pensait que cette promenade n'était qu'une simple promenade nocturne.

Buck troede, at denne gåtur bare var en simpel natlig spadseretur.

Ils n'ont rencontré qu'un seul homme à la station du drapeau, à College Park.

De mødte kun én mand ved flagstationen i College Park.

Cet homme a parlé à Manuel et ils ont échangé de l'argent.

Manden talte med Manuel, og de udvekslede penge.

« Emballez les marchandises avant de les livrer », a-t-il suggéré.

"Pak varerne ind, inden du leverer dem," foreslog han.

La voix de l'homme était rauque et impatiente lorsqu'il parlait.

Mandens stemme var ru og utålmodig, mens han talte.

Manuel a soigneusement attaché une corde épaisse autour
du cou de Buck.

Manuel bandt forsigtigt et tykt reb om Bucks hals.

« Tournez la corde et vous l'étoufferez abondamment »

"Vrid rebet, så kvæler du ham rigeligt"

L'étranger émit un grognement, montrant qu'il comprenait
bien.

Den fremmede gryntede, hvilket viste, at han forstod det godt.

Buck a accepté la corde avec calme et dignité tranquille ce
jour-là.

Buck tog imod rebet med rolig og stille værdighed den dag.

C'était un acte inhabituel, mais Buck faisait confiance aux
hommes qu'il connaissait.

Det var en usædvanlig handling, men Buck stolede på de
mænd, han kendte.

Il croyait que leur sagesse allait bien au-delà de sa propre
pensée.

Han mente, at deres visdom rakte langt ud over hans egen
tankegang.

Mais ensuite la corde fut remise entre les mains de
l'étranger.

Men så blev rebet givet i den fremmedes hænder.

Buck émit un grognement sourd qui avertissait avec une
menace silencieuse.

Buck udstødte en lav knurren, der advarede med en stille
trussel.

Il était fier et autoritaire, et voulait montrer son
mécontentement.

Han var stolt og kommanderende, og han havde til hensigt at
vise sin utilfredshed.

Buck pensait que son avertissement serait compris comme
un ordre.

Buck troede, at hans advarsel ville blive forstået som en ordre.

À sa grande surprise, la corde se resserra rapidement autour
de son cou épais.

Til hans chok strammedes rebet hårdt om hans tykke hals.

Son air fut coupé et il commença à se battre dans une rage soudaine.

Hans luft blev afskåret, og han begyndte at kæmpe i et pludseligt raseri.

Il s'est jeté sur l'homme, qui a rapidement rencontré Buck en plein vol.

Han sprang mod manden, som hurtigt mødte Buck midt i luften.

L'homme attrapa Buck par la gorge et le fit habilement tourner dans les airs.

Manden greb fat i Bucks hals og vred ham dygtigt op i luften.

Buck a été violemment projeté au sol, atterrissant à plat sur le dos.

Buck blev kastet hårdt omkuld og landede fladt på ryggen.

La corde l'étranglait alors cruellement tandis qu'il donnait des coups de pied sauvages.

Rebet kvalte ham nu grusomt, mens han sparkede vildt.

Sa langue tomba, sa poitrine se souleva, mais il ne reprit pas son souffle.

Hans tunge faldt ud, hans bryst hævede sig, men han fik ikke vejret.

Il n'avait jamais été traité avec une telle violence de sa vie.

Han var aldrig blevet behandlet med sådan vold i sit liv.

Il n'avait jamais été rempli d'une fureur aussi profonde auparavant.

Han havde heller aldrig før været fyldt med så dyb vrede.

Mais le pouvoir de Buck s'est estompé et ses yeux sont devenus vitreux.

Men Bucks kraft svandt ud, og hans øjne blev glasagtige.

Il s'est évanoui juste au moment où un train s'arrêtait à proximité.

Han besvimede lige da et tog holdt ind mod gaden i nærheden.

Les deux hommes le jetèrent alors rapidement dans le fourgon à bagages.

Så kastede de to mænd ham hurtigt ind i bagagevognen.

La chose suivante que Buck ressentit fut une douleur dans sa langue enflée.

Det næste Buck følte var en smerte i sin hævede tunge.

Il se déplaçait dans un chariot tremblant, à peine conscient.

Han kørte i en rystende vogn, kun svagt ved bevidsthed.

Le cri aigu d'un sifflet de train indiqua à Buck où il se trouvait.

Det skarpe skrig fra en togfløjte fortalte Buck hans position.

Il avait souvent roulé avec le juge et connaissait ce sentiment.

Han havde ofte redet med dommeren og kendte følelsen.

C'était le choc unique de voyager à nouveau dans un fourgon à bagages.

Det var det unikke chok at rejse i en bagagevogn igen.

Buck ouvrit les yeux et son regard brûla de rage.

Buck åbnede øjnene, og hans blik brændte af raseri.

C'était la colère d'un roi fier déchu de son trône.

Dette var vreden hos en stolt konge, der blev taget fra sin trone.

Un homme a tenté de l'attraper, mais Buck a frappé en premier.

En mand rakte ud for at gribe ham, men Buck slog til først i stedet.

Il enfonça ses dents dans la main de l'homme et la serra fermement.

Han satte tænderne i mandens hånd og holdt fast.

Il ne l'a pas lâché jusqu'à ce qu'il s'évanouisse une deuxième fois.

Han slap ikke, før han besvimede anden gang.

« Ouais, il a des crises », murmura l'homme au bagagiste.

"Ja, har anfald," mumlede manden til bagagemanden.

Le bagagiste avait entendu la lutte et s'était approché.

Bagagemanden havde hørt kampen og var kommet nærmere.

« Je l'emmène à Frisco pour le patron », a expliqué l'homme.

"Jeg tager ham med til 'Frisco for chefens skyld," forklarede manden.

« Il y a un excellent vétérinaire qui dit pouvoir les guérir. »

"Der er en dygtig hundelæge der, som siger, at han kan helbrede dem."

Plus tard dans la soirée, l'homme a donné son propre récit complet.

Senere samme aften gav manden sin egen fulde beretning.

Il parlait depuis un hangar derrière un saloon sur les quais.

Han talte fra et skur bag en saloon på kajen.

« Tout ce qu'on m'a donné, c'était cinquante dollars », se plaignit-il au vendeur du saloon.

"Jeg fik kun halvtreds dollars," klagede han til saloonmanden.

« Je ne le referais pas, même pour mille dollars en espèces. »

"Jeg ville ikke gøre det igen, ikke engang for tusind kroner i kontanter."

Sa main droite était étroitement enveloppée dans un tissu ensanglanté.

Hans højre hånd var tæt pakket ind i et blodigt klæde.

Son pantalon était déchiré du genou au pied.

Hans bukseben var vidt revet op fra knæ til fod.

« Combien a été payé l'autre idiot ? » demanda le vendeur du saloon.

"Hvor meget fik den anden krus i løn?" spurgte saloonmanden.

« Cent », répondit l'homme, « il n'accepterait pas un centime de moins. »

"Hundrede," svarede manden, "han ville ikke tage en øre mindre."

« Cela fait cent cinquante », dit le vendeur du saloon.

"Det bliver til hundrede og halvtreds," sagde saloonmanden.

« Et il vaut tout ça, sinon je ne suis pas meilleur qu'un imbécile. »

"Og han er det hele værd, ellers er jeg ikke bedre end en tåbe."

L'homme ouvrit les emballages pour examiner sa main.

Manden åbnede indpakningen for at undersøge sin hånd.

La main était gravement déchirée et couverte de sang séché.

Hånden var slemt flænget og tilsølvet med tørret blod.

« Si je n'ai pas l' hydrophobie... » commença-t-il à dire.

"Hvis jeg ikke får hydrofobien ..." begyndte han at sige.

« Ce sera parce que tu es né pour être pendu », dit-il en riant.

"Det er fordi, du er født til at hænge," lød en latter.

« Viens m'aider avant de partir », lui a-t-on demandé.

"Kom og hjælp mig, inden du går," blev han spurgt.

Buck était dans un état second à cause de la douleur dans sa langue et sa gorge.

Buck var i en døs af smerten i tungen og halsen.

Il était à moitié étranglé et pouvait à peine se tenir debout.

Han var halvkvalt og kunne knap nok stå oprejst.

Pourtant, Buck essayait de faire face aux hommes qui l'avaient blessé ainsi.

Alligevel forsøgte Buck at se de mænd i øjnene, der havde såret ham så meget.

Mais ils le jetèrent à terre et l'étranglèrent une fois de plus.

Men de kastede ham ned og kvalte ham endnu engang.

Ce n'est qu'à ce moment-là qu'ils ont pu scier son lourd collier de laiton.

Først da kunne de save hans tunge messingkrave af.

Ils ont retiré la corde et l'ont poussé dans une caisse.

De fjernede rebet og skubbede ham ind i en kasse.

La caisse était petite et avait la forme d'une cage en fer brut.

Kassen var lille og formet som et groft jernbur.

Buck resta allongé là toute la nuit, rempli de colère et d'orgueil blessé.

Buck lå der hele natten, fyldt med vrede og såret stolthed.

Il ne pouvait pas commencer à comprendre ce qui lui arrivait.

Han kunne ikke begynde at forstå, hvad der skete med ham.

Pourquoi ces hommes étranges le gardaient-ils dans cette petite caisse ?

Hvorfor holdt disse mærkelige mænd ham i denne lille kasse?

Que voulaient-ils de lui et pourquoi cette cruelle captivité ?

Hvad ville de med ham, og hvorfor dette grusomme fangenskab?

Il ressentait une pression sombre, un sentiment de catastrophe qui se rapprochait.

Han følte et mørkt pres; en følelse af, at katastrofen kom nærmere.

C'était une peur vague, mais elle pesait lourdement sur son esprit.

Det var en vag frygt, men den satte sig tungt i hans sind.

Il a sursauté à plusieurs reprises lorsque la porte du hangar a claqué.

Flere gange sprang han op, da skurdøren raslede.

Il s'attendait à ce que le juge ou les garçons apparaissent et le sauvent.

Han forventede, at dommeren eller drengene ville dukke op og redde ham.

Mais à chaque fois, seul le gros visage du tenancier de bar apparaissait à l'intérieur.

Men kun saloonværtens tykke ansigt kiggede ind hver gang.

Le visage de l'homme était éclairé par la faible lueur d'une bougie de suif.

Mandens ansigt var oplyst af det svage skær fra et talglys.

À chaque fois, l'aboiement joyeux de Buck se transformait en un grognement bas et colérique.

Hver gang ændrede Bucks glædelige gøen sig til en lav, vred knurren.

Le tenancier du saloon l'a laissé seul pour la nuit dans la caisse

Saloonværten lod ham være alene i buret natten over

Mais quand il se réveilla le matin, d'autres hommes arrivèrent.

Men da han vågnede om morgenen, kom der flere mænd.

Quatre hommes sont venus et ont ramassé la caisse avec précaution, sans un mot.

Fire mænd kom og samlede forsigtigt kassen op uden et ord.

Buck comprit immédiatement dans quelle situation il se trouvait.

Buck forstod straks den situation, han befandt sig i.

Ils étaient d'autres bourreaux qu'il devait combattre et craindre.

De var yderligere plageånder, som han måtte bekæmpe og frygte.

Ces hommes avaient l'air méchants, en haillons et très mal soignés.

Disse mænd så onde, lasede og meget dårligt soignerede ud.

Buck grogna et se jeta férocement sur eux à travers les barreaux.

Buck knurrede og kastede sig voldsomt mod dem gennem tremmerne.

Ils se sont contentés de rire et de le frapper avec de longs bâtons en bois.

De bare lo og prikkede til ham med lange træpinde.

Buck a mordu les bâtons, puis s'est rendu compte que c'était ce qu'ils aimaient.

Buck bed i pindene, men indså så, at det var det, de kunne lide.

Il s'allongea donc tranquillement, maussade et brûlant d'une rage silencieuse.

Så lagde han sig stille ned, mut og brændende af stille raseri.

Ils ont soulevé la caisse dans un chariot et sont partis avec lui.

De løftede kassen op i en vogn og kørte væk med ham.

La caisse, avec Buck enfermé à l'intérieur, changeait souvent de mains.

Kassen, med Buck låst inde, skiftede ofte hænder.

Les employés du bureau express ont pris les choses en main et l'ont traité brièvement.

Ekspreskontorets kontormedarbejdere tog ansvaret og ekspederede ham kortvarigt.

Puis un autre chariot transporta Buck à travers la ville bruyante.

Så bar en anden vogn Buck tværs over den larmende by.

Un camion l'a emmené avec des cartons et des colis sur un ferry.

En lastbil kørte ham med kasser og pakker ombord på en færge.

Après la traversée, le camion l'a déchargé dans un dépôt ferroviaire.

Efter at have krydset, læssede lastbilen ham af på en jernbanedepot.

Finalement, Buck fut placé dans une voiture express en attente.

Endelig blev Buck placeret i en ventende ekspresvogn.

Pendant deux jours et deux nuits, les trains ont emporté la voiture express.

I to dage og nætter trak tog ekspressvognen væk.

Buck n'a ni mangé ni bu pendant tout le douloureux voyage.

Buck hverken spiste eller drak under hele den smertefulde rejse.

Lorsque les messagers express ont essayé de l'approcher, il a grogné.

Da ekspresbudene forsøgte at nærme sig ham, knurrede han.

Ils ont réagi en se moquant de lui et en le taquinant cruellement.

De reagerede ved at håne ham og drille ham grusomt.

Buck se jeta sur les barreaux, écumant et tremblant

Buck kastede sig mod tremmerne, frådende og rystende

ils ont ri bruyamment et l'ont raillé comme des brutes de cour d'école.

De lo højt og drillede ham som skolegårdsbøller.

Ils aboyaient comme de faux chiens et battaient des bras.

De gøede som falske hunde og baskede med armene.

Ils ont même chanté comme des coqs juste pour le contrarier davantage.

De galte endda som haner bare for at gøre ham endnu mere ked af det.

C'était un comportement stupide, et Buck savait que c'était ridicule.

Det var tåbelig opførsel, og Buck vidste, at det var latterligt.

Mais cela n'a fait qu'approfondir son sentiment d'indignation et de honte.

Men det forstærkede kun hans følelse af forargelse og skam.

Il n'a pas été trop dérangé par la faim pendant le voyage.

Han var ikke synderligt generet af sult under turen.

Mais la soif provoquait une douleur aiguë et une souffrance insupportable.

Men tørst medførte skarp smerte og uudholdelig lidelse.

Sa gorge sèche et enflammée et sa langue brûlaient de chaleur.

Hans tørre, betændte hals og tunge brændte af varme.

Cette douleur alimentait la fièvre qui montait dans son corps fier.

Denne smerte nærede feberen, der steg i hans stolte krop.

Buck était reconnaissant pour une seule chose au cours de ce procès.

Buck var taknemmelig for én enkelt ting under denne retssag.

La corde avait été retirée de son cou épais.

Rebet var blevet fjernet fra hans tykke hals.

La corde avait donné à ces hommes un avantage injuste et cruel.

Rebet havde givet disse mænd en urimelig og grusom fordel.

Maintenant, la corde avait disparu et Buck jura qu'elle ne reviendrait jamais.

Nu var rebet væk, og Buck svor på, at det aldrig ville vende tilbage.

Il a décidé qu'aucune corde ne passerait plus jamais autour de son cou.

Han besluttede sig for, at intet reb nogensinde skulle gå om hans hals igen.

Pendant deux longs jours et deux longues nuits, il souffrit sans nourriture.

I to lange dage og nætter led han uden mad.

Et pendant ces heures, il a développé une énorme rage en lui.

Og i de timer opbyggede han et enormt raseri indeni.

Ses yeux sont devenus injectés de sang et sauvages à cause d'une colère constante.

Hans øjne blev blodskudte og vilde af konstant vrede.

Il n'était plus Buck, mais un démon aux mâchoires claquantes.

Han var ikke længere Buck, men en dæmon med knækende kæber.

Même le juge n'aurait pas reconnu cette créature folle.

Selv dommeren ville ikke have kendt denne vanvittige skabning.

Les messagers express ont soupiré de soulagement lorsqu'ils ont atteint Seattle

Ekspresbudene sukkede lettet, da de nåede Seattle

Quatre hommes ont soulevé la caisse et l'ont amenée dans une cour arrière.

Fire mænd løftede kassen og bragte den til en baghave.

La cour était petite, entourée de murs hauts et solides.

Gården var lille, omgivet af høje og solide mure.

Un grand homme sortit, vêtu d'un pull rouge affaissé.

En stor mand trådte ud i en hængende rød sweaterskjorte.

Il a signé le carnet de livraison d'une écriture épaisse et audacieuse.

Han underskrev leveringsbogen med en tyk og dristig håndskrift.

Buck sentit immédiatement que cet homme était son prochain bourreau.

Buck fornemmede straks, at denne mand var hans næste plageånd.

Il se jeta violemment sur les barreaux, les yeux rouges de fureur.

Han kastede sig voldsomt mod tremmerne med røde øjne af raseri.

L'homme sourit simplement sombrement et alla chercher une hachette.

Manden smilede bare dystert og gik for at hente en økse.

Il portait également une massue dans sa main droite épaisse et forte.

Han medbragte også en kølle i sin tykke og stærke højre hånd.

« Tu vas le sortir maintenant ? » demanda le chauffeur, inquiet.

"Skal du køre ham ud nu?" spurgte chaufføren bekymret.

« Bien sûr », dit l'homme en enfonçant la hachette dans la caisse comme levier.

"Javisst," sagde manden og pressede øksen ned i kassen som en løftestang.

Les quatre hommes se dispersèrent instantanément et sautèrent sur le mur de la cour.

De fire mænd spredtes øjeblikkeligt og sprang op på gårdsmuren.

Depuis leurs endroits sûrs, ils attendaient d'assister au spectacle.

Fra deres trygge pladser ovenover ventede de på at se skuespillet.

Buck se jeta sur le bois éclaté, le mordant et le secouant violemment.

Buck kastede sig mod det splintrede træ, bed og rystede voldsomt.

Chaque fois que la hachette touchait la cage, Buck était là pour l'attaquer.

Hver gang øksen ramte buret), var Buck der for at angribe den.

Il grogna et claqua des dents avec une rage folle, impatient d'être libéré.

Han knurrede og snappede af vildt raseri, ivrig efter at blive sluppet fri.

L'homme dehors était calme et stable, concentré sur sa tâche.

Manden udenfor var rolig og stødig, optaget af sin opgave.

« Bon, alors, espèce de diable aux yeux rouges », dit-il lorsque le trou fut grand.

"Nå, din rødøjede djævel," sagde han, da hullet var stort.

Il laissa tomber la hachette et prit le gourdin dans sa main droite.

Han smed øksen og tog køllen i sin højre hånd.

Buck ressemblait vraiment à un diable ; les yeux injectés de sang et flamboyants.

Buck lignede virkelig en djævel; øjnene var blodsprængte og flammende.

Son pelage se hérissait, de la mousse s'échappait de sa bouche, ses yeux brillaient.

Hans frakke strittede, skum skummede om munden, og øjnene glimtede.

Il rassembla ses muscles et se jeta directement sur le pull rouge.

Han spændte musklerne og sprang direkte mod den røde sweater.

Cent quarante livres de fureur s'abattèrent sur l'homme calme.

Et hundrede og fyrre pund raseri fløj mod den rolige mand.

Juste avant que ses mâchoires ne se referment, un coup terrible le frappa.

Lige før hans kæber lukkede sig, ramte et frygteligt slag ham.

Ses dents claquèrent l'une contre l'autre, rien d'autre que l'air

Hans tænder knækkede sammen på intet andet end luft

une secousse de douleur résonna dans son corps

et smertestød gennemgik hans krop

Il a fait un saut périlleux en plein vol et s'est écrasé sur le dos et sur le côté.

Han væltede midt i luften og styrtede ned på ryggen og siden.

Il n'avait jamais ressenti auparavant le coup d'un gourdin et ne pouvait pas le saisir.

Han havde aldrig før følt et kølleslag og kunne ikke gribe det.

Avec un grognement strident, mi-aboiement, mi-cri, il bondit à nouveau.

Med et skrigende knurren, dels gøen, dels skrig, sprang han igen.

Un autre coup brutal le frappa et le projeta au sol.

Endnu et brutalt slag ramte ham og kastede ham til jorden.

Cette fois, Buck comprit : c'était la lourde massue de l'homme.

Denne gang forstod Buck det – det var mandens tunge kølle.

Mais la rage l'aveuglait, et il n'avait aucune idée de retraite.

Men raseri blindede ham, og han tænkte ikke på at trække sig tilbage.

Douze fois il s'est lancé et douze fois il est tombé.

Tolv gange kastede han sig, og tolv gange faldt han.

Le gourdin en bois le frappait à chaque fois avec une force impitoyable et écrasante.

Trækøllen smadrede ham hver gang med hensynsløs, knusende kraft.

Après un coup violent, il se releva en titubant, étourdi et lent.

Efter et voldsomt slag vaklede han op, fortumlet og langsom.

Du sang coulait de sa bouche, de son nez et même de ses oreilles.

Blod løb fra hans mund, hans næse og endda hans ører.

Son pelage autrefois magnifique était maculé de mousse sanglante.

Hans engang så smukke frakke var smurt ind i blodigt skum.

Alors l'homme s'est avancé et a donné un coup violent au nez.

Så trådte manden frem og gav ham et voldsomt slag på næsen.

L'agonie était plus vive que tout ce que Buck avait jamais ressenti.

Smerten var skarpere end noget Buck nogensinde havde følt.

Avec un rugissement plus bête que chien, il bondit à nouveau pour attaquer.

Med et brøl, mere et dyr end en hund, sprang han igen for at angribe.

Mais l'homme attrapa sa mâchoire inférieure et la tourna vers l'arrière.

Men manden greb fat i hans underkæbe og vred den bagover.

Buck fit un saut périlleux et s'écrasa à nouveau violemment.

Buck vendte hovedkulds og styrtede hårdt ned igen.

Une dernière fois, Buck se précipita sur lui, maintenant à peine capable de se tenir debout.

En sidste gang angreb Buck ham, nu knap nok i stand til at stå.

L'homme a frappé avec un timing expert, délivrant le coup final.

Manden slog til med ekspert timing og uddelte det sidste slag.

Buck s'est effondré, inconscient et immobile.

Buck kollapsede i en bunke, bevidstløs og ubevægelig.

« Il n'est pas mauvais pour dresser les chiens, c'est ce que je dis », a crié un homme.

"Han er ikke sløj til at knække hunde, det er det, jeg siger," råbte en mand.

« Druther peut briser la volonté d'un chien n'importe quel jour de la semaine. »

"Druther kan knække en hunds vilje hvilken som helst dag i ugen."

« Et deux fois un dimanche ! » a ajouté le chauffeur.

"Og to gange på en søndag!" tilføjede chaufføren.

Il monta dans le chariot et fit claquer les rênes pour partir.

Han klatrede op i vognen og knækkede tøjlerne for at køre.

Buck a lentement repris le contrôle de sa conscience

Buck genvandt langsomt kontrollen over sin bevidsthed

mais son corps était encore trop faible et brisé pour bouger.

men hans krop var stadig for svag og ødelagt til at bevæge sig.

Il resta allongé là où il était tombé, regardant l'homme au pull rouge.

Han lå, hvor han var faldet, og betragtede den rødtrøjede mand.

« Il répond au nom de Buck », dit l'homme en lisant à haute voix.

"Han svarer på navnet Buck," sagde manden og læste højt.

Il a cité la note envoyée avec la caisse de Buck et les détails.

Han citerede fra den besked, der blev sendt med Bucks kasse, og detaljerne.

« Eh bien, Buck, mon garçon », continua l'homme d'un ton amical,

"Nå, Buck, min dreng," fortsatte manden med en venlig tone,

« Nous avons eu notre petite dispute, et maintenant c'est fini entre nous. »

"Vi har haft vores lille skænderi, og nu er det slut mellem os."

« Tu as appris à connaître ta place, et j'ai appris à connaître la mienne », a-t-il ajouté.

"Du har lært din plads at kende, og jeg har lært min," tilføjede han.

« Sois sage, tout ira bien et la vie sera agréable. »

"Vær god, så skal alt gå godt, og livet skal blive behageligt."

« Mais sois méchant, et je te botterai les fesses, compris ? »

"Men hvis du er slem, så tæver jeg dig ihjel, forstået?"

Tandis qu'il parlait, il tendit la main et tapota la tête douloureuse de Buck.

Mens han talte, rakte han ud og klappede Bucks ømme hoved.

Les cheveux de Buck se dressèrent au contact de l'homme, mais il ne résista pas.

Bucks hår rejste sig ved mandens berøring, men han gjorde ikke modstand.

L'homme lui apporta de l'eau, que Buck but à grandes gorgées.

Manden bragte ham vand, som Buck drak i store slurke.

Puis vint la viande crue, que Buck dévora morceau par morceau.

Så kom råt kød, som Buck fortærede stykke for stykke.

Il savait qu'il était battu, mais il savait aussi qu'il n'était pas brisé.

Han vidste, at han var blevet slået, men han vidste også, at han ikke var brækket.

Il n'avait aucune chance contre un homme armé d'une matraque.

Han havde ingen chance mod en mand bevæbnet med en kølle.

Il avait appris la vérité et il n'a jamais oublié cette leçon.

Han havde lært sandheden, og han glemte aldrig den lektie.

Cette arme était le début de la loi dans le nouveau monde de Buck.

Det våben var begyndelsen på loven i Bucks nye verden.

C'était le début d'un ordre dur et primitif qu'il ne pouvait nier.

Det var starten på en hård, primitiv orden, han ikke kunne benægte.

Il accepta la vérité ; ses instincts sauvages étaient désormais éveillés.

Han accepterede sandheden; hans vilde instinkter var nu vågne.

Le monde était devenu plus dur, mais Buck l'a affronté avec courage.

Verden var blevet hårdere, men Buck mødte den tappert.

Il a affronté la vie avec une prudence, une ruse et une force tranquille nouvelles.

Han mødte livet med ny forsigtighed, list og stille styrke.

D'autres chiens sont arrivés, attachés dans des cordes ou des caisses comme Buck l'avait été.

Flere hunde ankom, bundet i reb eller bure, ligesom Buck havde været.

Certains chiens sont venus calmement, d'autres ont fait rage et se sont battus comme des bêtes sauvages.

Nogle hunde kom roligt, andre rasede og kæmpede som vilde dyr.

Ils furent tous soumis au règne de l'homme au pull rouge.

De blev alle bragt under den rødtrøjede mands styre.

À chaque fois, Buck regardait et voyait la même leçon se dérouler.

Hver gang så Buck den samme lektie udfolde sig.

L'homme avec la massue était la loi, un maître à obéir.

Manden med køllen var loven; en mester, der skulle adlydes.

Il n'avait pas besoin d'être aimé, mais il fallait qu'on lui obéisse.

Han behøvede ikke at blive holdt af, men han skulle adlydes.

Buck ne s'est jamais montré flatteur ni n'a remué la queue comme le faisaient les chiens plus faibles.

Buck gryede eller logrede aldrig, som de svagere hunde gjorde.

Il a vu des chiens qui avaient été battus et qui continuaient à lécher la main de l'homme.

Han så hunde, der var blevet slået, og som stadig slikkede mandens hånd.

Il a vu un chien qui refusait d'obéir ou de se soumettre du tout.

Han så en hund, der slet ikke ville adlyde eller bukke under for ham.

Ce chien s'est battu jusqu'à ce qu'il soit tué dans la bataille pour le contrôle.

Den hund kæmpede, indtil den blev dræbt i kampen om kontrollen.

Des étrangers venaient parfois voir l'homme au pull rouge.

Fremmede kom sommetider for at se den rødtrøjede mand.

Ils parlaient sur un ton étrange, suppliant, marchandant et riant.

De talte i en mærkelig tone, tryglede, prutede og lo.

Lors de l'échange d'argent, ils partaient avec un ou plusieurs chiens.

Når der blev udvekslet penge, tog de afsted med en eller flere hunde.

Buck se demandait où étaient passés ces chiens, car aucun n'était jamais revenu.

Buck spekulerede på, hvor disse hunde blev af, for ingen vendte nogensinde tilbage.

la peur de l'inconnu envahissait Buck chaque fois qu'un homme étrange venait

frygten for det ukendte fyldte Buck hver gang en fremmed mand kom

il était content à chaque fois qu'un autre chien était pris, plutôt que lui-même.

Han var glad hver gang en anden hund blev taget, snarere end ham selv.

Mais finalement, le tour de Buck arriva avec l'arrivée d'un homme étrange.

Men endelig kom Bucks tur med ankomsten af en fremmed mand.

Il était petit, nerveux, parlait un anglais approximatif et jurait.

Han var lille, senet og talte gebrokkent engelsk og bandede.

« Sacré-Dam ! » hurla-t-il en posant les yeux sur le corps de Buck.

"Sacredam!" råbte han, da han fik øje på Bucks krop.

« C'est un sacré chien tyrannique ! Hein ? Combien ? »
demanda-t-il à voix haute.

"Det er da en forbandet bøllehund! Eh? Hvor meget?" spurgte
han højt.

« Trois cents, et c'est un cadeau à ce prix-là. »

"Tre hundrede, og han er en gave til den pris,"

« Puisque c'est de l'argent du gouvernement, tu ne devrais
pas te plaindre, Perrault. »

"Da det er statslige penge, bør du ikke klage, Perrault."

Perrault sourit à l'idée de l'accord qu'il venait de conclure
avec cet homme.

Perrault smilede bredt over den aftale, han lige havde indgået
med manden.

Le prix des chiens a grimpé en flèche en raison de la
demande soudaine.

Prisen på hunde var steget kraftigt på grund af den pludselige
efterspørgsel.

Trois cents dollars, ce n'était pas injuste pour une si belle
bête.

Tre hundrede dollars var ikke urimeligt for så fint et bæst.

Le gouvernement canadien ne perdrait rien dans cet accord

Den canadiske regering ville ikke miste noget på aftalen

Leurs dépêches officielles ne seraient pas non plus retardées
en transit.

Deres officielle forsendelser ville heller ikke blive forsinket
under transport.

Perrault connaissait bien les chiens et pouvait voir que Buck
était quelque chose de rare.

Perrault kendte hunde godt, og kunne se at Buck var noget
sjældent.

« Un sur dix dix mille », pensa-t-il en étudiant la silhouette
de Buck.

"En ud af ti titusind," tænkte han, mens han studerede Bucks
kropsbygning.

Buck a vu l'argent changer de mains, mais n'a montré aucune
surprise.

Buck så pengene skifte hænder, men viste ingen overraskelse.

Bientôt, lui et Curly, un gentil Terre-Neuve, furent emmenés.

Snart blev han og Krøllet, en blid newfoundlænder, ført væk.

Ils suivirent le petit homme depuis la cour du pull rouge.

De fulgte den lille mand fra den røde sweaters gård.

Ce fut la dernière fois que Buck vit l'homme avec la massue en bois.

Det var det sidste, Buck nogensinde så til manden med trækøllen.

Depuis le pont du Narval, il regardait Seattle disparaître au loin.

Fra Narhvalens dæk så han Seattle forsvinde i det fjerne.

C'était aussi la dernière fois qu'il voyait le chaud Southland.

Det var også sidste gang, han nogensinde så det varme Sydland.

Perrault les emmena sous le pont et les laissa à François.

Perrault tog dem med ned under dæk og efterlod dem hos François.

François était un géant au visage noir, aux mains rugueuses et calleuses.

François var en kæmpe med et sort ansigt og ru, hårdhudede hænder.

Il était brun et basané; un métis franco-canadien.

Han var mørk og gråhud; en halvblods fransk-canadier.

Pour Buck, ces hommes étaient d'un genre qu'il n'avait jamais vu auparavant.

For Buck var disse mænd af en slags, han aldrig havde set før.

Il allait connaître beaucoup d'autres hommes de ce genre dans les jours qui suivirent.

Han ville komme til at kende mange sådanne mænd i de kommende dage.

Il ne s'est pas attaché à eux, mais il a appris à les respecter.

Han blev ikke glad for dem, men han kom til at respektere dem.

Ils étaient justes et sages, et ne se laissaient pas facilement tromper par un chien.

De var retfærdige og kloge og lod sig ikke let narre af nogen hund.

Ils jugeaient les chiens avec calme et ne les punissaient que lorsqu'ils le méritaient.

De dømte hunde roligt og straffede kun, når de var fortjente.

Sur le pont inférieur du Narwhal, Buck et Curly ont rencontré deux chiens.

På Narhvalens nederste dæk mødte Buck og Krøllet to hunde.

L'un d'eux était un grand chien blanc venu du lointain et glacial Spitzberg.

Den ene var en stor hvid hund fra det fjerne, iskolde Spitsbergen.

Il avait autrefois navigué avec un baleinier et rejoint un groupe d'enquête.

Han havde engang sejlet med en hvalfanger og været med i en undersøgelsesgruppe.

Il était amical d'une manière sournoise, sournoise et rusée.

Han var venlig på en snedig, underhånden og snu måde.

Lors de leur premier repas, il a volé un morceau de viande dans la poêle de Buck.

Ved deres første måltid stjal han et stykke kød fra Bucks pande.

Buck sauta pour le punir, mais le fouet de François frappa en premier.

Buck sprang for at straffe ham, men François' pisk ramte først.

Le voleur blanc hurla et Buck récupéra l'os volé.

Den hvide tyv gøs, og Buck genvandt det stjålne ben.

Cette équité impressionna Buck, et François gagna son respect.

Den retfærdighed imponerede Buck, og François fortjente hans respekt.

L'autre chien ne lui a pas adressé de salut et n'en a pas voulu en retour.

Den anden hund hilste ikke og ønskede ingen tilbage.

Il ne volait pas de nourriture et ne reniflait pas les nouveaux arrivants avec intérêt.

Han stjal ikke mad og snusede heller ikke interesseret til de nyankomne.

Ce chien était sinistre et calme, sombre et lent.

Denne hund var dyster og stille, dyster og langsomt bevægende.

Il a averti Curly de rester à l'écart en la regardant simplement.

Han advarede Krøllet om at holde sig væk ved blot at stirre på hende.

Son message était clair : laissez-moi tranquille ou il y aura des problèmes.

Hans budskab var klart: lad mig være, ellers bliver der problemer.

Il s'appelait Dave et il remarquait à peine son environnement.

Han hed Dave, og han bemærkede knap nok sine omgivelser.

Il dormait souvent, mangeait tranquillement et bâillait de temps en temps.

Han sov ofte, spiste stille og gabte af og til.

Le navire ronronnait constamment avec le battement de l'hélice en dessous.

Skibet brummede konstant med den bankende propel nedenunder.

Les jours passèrent sans grand changement, mais le temps devint plus froid.

Dagene gik uden store forandringer, men vejret blev koldere.

Buck pouvait le sentir dans ses os et remarqua que les autres le faisaient aussi.

Buck kunne mærke det i sine knogler, og bemærkede at de andre også gjorde.

Puis un matin, l'hélice s'est arrêtée et tout est redevenu calme.

Så en morgen stoppede propellen, og alt var stille.

Une énergie parcourut le vaisseau ; quelque chose avait changé.

En energi skyllede gennem skibet; noget havde ændret sig.

François est descendu, les a attachés en laisse et les a remontés.

François kom ned, satte dem i snore og bragte dem op.

Buck sortit et trouva le sol doux, blanc et froid.

Buck trådte ud og fandt jorden blød, hvid og kold.

Il sursauta en arrière, alarmé, et renifla, totalement confus.

Han sprang tilbage i alarm og fnøs i total forvirring.

Une étrange substance blanche tombait du ciel gris.

Mærkelige hvide ting faldt ned fra den grå himmel.

Il se secoua, mais les flocons blancs continuaient à atterrir sur lui.

Han rystede sig, men de hvide flager blev ved med at lande på ham.

Il renifla soigneusement la substance blanche et lécha quelques morceaux glacés.

Han snusede forsigtigt til den hvide masse og slikkede på et par iskolde stykker.

La poudre brûla comme du feu, puis disparut de sa langue.

Pulveret brændte som ild og forsvandt derefter lige fra hans tunge.

Buck essaya à nouveau, intrigué par l'étrange froideur qui disparaissait.

Buck prøvede igen, forvirret over den mærkelige, forsvindende kulde.

Les hommes autour de lui rirent et Buck se sentit gêné.

Mændene omkring ham lo, og Buck følte sig flov.

Il ne savait pas pourquoi, mais il avait honte de sa réaction.

Han vidste ikke hvorfor, men han skammede sig over sin reaktion.

C'était sa première expérience avec la neige, et cela le dérouta.

Det var hans første oplevelse med sne, og det forvirrede ham.

La loi du gourdin et des crocs
Loven om kølle og hugtand

Le premier jour de Buck sur la plage de Dyea ressemblait à un terrible cauchemar.
Bucks første dag på Dyea-stranden føltes som et forfærdeligt mareridt.

Chaque heure apportait de nouveaux chocs et des changements inattendus pour Buck.
Hver time bragte nye chok og uventede forandringer for Buck.

Il avait été arraché à la civilisation et jeté dans un chaos sauvage.
Han var blevet trukket ud af civilisationen og kastet ud i vildt kaos.

Ce n'était pas une vie ensoleillée et paresseuse, faite d'ennui et de repos.
Dette var ikke et solrigt, dovent liv med kedsomhed og hvile.

Il n'y avait pas de paix, pas de repos, et pas un instant sans danger.
Der var ingen fred, ingen hvile og intet øjeblik uden fare.

La confusion régnait sur tout et le danger était toujours proche.
Forvirring herskede over alt, og faren var altid nær.

Buck devait rester vigilant car ces hommes et ces chiens étaient différents.
Buck måtte være opmærksom, fordi disse mænd og hunde var forskellige.

Ils n'étaient pas originaires des villes ; ils étaient sauvages et sans pitié.
De var ikke fra byer; de var vilde og uden nåde.

Ces hommes et ces chiens ne connaissaient que la loi du gourdin et des crocs.
Disse mænd og hunde kendte kun loven om kølle og hugtand.

Buck n'avait jamais vu de chiens se battre comme ces huskies sauvages.
Buck havde aldrig set hunde slås som disse vilde huskyer.

Sa première expérience lui a appris une leçon qu'il n'oublierait jamais.

Hans første oplevelse lærte ham en lektie, han aldrig ville glemme.

Il a eu de la chance que ce ne soit pas lui, sinon il serait mort aussi.

Han var heldig, at det ikke var ham, ellers var han også død.

Curly était celui qui souffrait tandis que Buck regardait et apprenait.

Det var Krøllet, der led, mens Buck så på og lærte.

Ils avaient installé leur campement près d'un magasin construit en rondins.

De havde slået lejr i nærheden af en butik bygget af tømmerstokke.

Curly a essayé d'être amical avec un grand husky ressemblant à un loup.

Krøllet forsøgte at være venlig over for en stor, ulvelignende husky.

Le husky était plus petit que Curly, mais avait l'air sauvage et méchant.

Huskyen var mindre end Krøllet, men så vild og ond ud.

Sans prévenir, il a sauté et lui a ouvert le visage.

Uden varsel sprang han op og skar hendes ansigt op.

Ses dents lui coupèrent l'œil jusqu'à sa mâchoire en un seul mouvement.

Hans tænder skar fra hendes øje ned til hendes kæbe i ét træk.

C'est ainsi que les loups se battaient : ils frappaient vite et sautaient loin.

Sådan kæmpede ulve – de slog hurtigt og sprang væk.

Mais il y avait plus à apprendre que de cette seule attaque.

Men der var mere at lære end af det ene angreb.

Des dizaines de huskies se sont précipités et ont formé un cercle silencieux.

Snesevis af huskyer stormede ind og dannede en stille cirkel.

Ils regardaient attentivement et se léchaient les lèvres avec faim.

De så nøje til og slikkede sig om læberne af sult.

Buck ne comprenait pas leur silence ni leurs regards avides.

Buck forstod ikke deres tavshed eller deres ivrige øjne.

Curly s'est précipité pour attaquer le husky une deuxième fois.

Krøllet skyndte sig at angribe huskyen en gang til.

Il a utilisé sa poitrine pour la renverser avec un mouvement puissant.

Han brugte brystet til at vælte hende med et kraftigt træk.

Elle est tombée sur le côté et n'a pas pu se relever.

Hun faldt om på siden og kunne ikke komme op igen.

C'est ce que les autres attendaient depuis le début.

Det var det, de andre havde ventet på hele tiden.

Les huskies ont sauté sur elle, hurlant et grognant avec frénésie.

Huskierne hoppede på hende, mens de gøede og knurrede i et vanvid.

Elle a crié alors qu'ils l'enterraient sous un tas de chiens.

Hun skreg, da de begravede hende under en bunke hunde.

L'attaque fut si rapide que Buck resta figé sur place sous le choc.

Angrebet var så hurtigt, at Buck frøs til af chok.

Il vit Spitz tirer la langue d'une manière qui ressemblait à un rire.

Han så Spitz stikke tungen ud på en måde, der lignede en latter.

François a attrapé une hache et a couru droit vers le groupe de chiens.

François greb en økse og løb direkte ind i flokken af hunde.

Trois autres hommes ont utilisé des gourdins pour aider à repousser les huskies.

Tre andre mænd brugte køller til at hjælpe med at jage huskyerne væk.

En seulement deux minutes, le combat était terminé et les chiens avaient disparu.

På bare to minutter var kampen slut, og hundene var væk.

Curly gisait morte dans la neige rouge et piétinée, son corps déchiré.

Krøllet lå død i den røde, nedtrampede sne, hendes krop revet i stykker.

Un homme à la peau sombre se tenait au-dessus d'elle, maudissant la scène brutale.

En mørkhudet mand stod over hende og bandede over den brutale scene.

Le souvenir est resté avec Buck et a hanté ses rêves la nuit.

Mindet blev hos Buck og hjemsøgte hans drømme om natten.

C'était comme ça ici : pas d'équité, pas de seconde chance.

Sådan var det her; ingen retfærdighed, ingen anden chance.

Une fois qu'un chien tombait, les autres le tuaient sans pitié.

Når en hund faldt, ville de andre dræbe uden nåde.

Buck décida alors qu'il ne se permettrait jamais de tomber.

Buck besluttede sig da for, at han aldrig ville tillade sig selv at falde.

Spitz tira à nouveau la langue et rit du sang.

Spitz stak igen tungen ud og lo af blodet.

À partir de ce moment-là, Buck détesta Spitz de tout son cœur.

Fra det øjeblik hadede Buck Spitz af hele sit hjerte.

Avant que Buck ne puisse se remettre de la mort de Curly, quelque chose de nouveau s'est produit.

Før Buck kunne komme sig over Krøllets død, skete der noget nyt.

François s'est approché et a attaché quelque chose autour du corps de Buck.

François kom hen og bandt noget om Bucks krop.

C'était un harnais comme ceux utilisés sur les chevaux du ranch.

Det var en sele ligesom dem, der bruges på heste på ranchen.

Comme Buck avait vu les chevaux travailler, il devait maintenant travailler aussi.

Ligesom Buck havde set heste arbejde, skulle han nu også arbejde.

Il a dû tirer François sur un traîneau dans la forêt voisine.

Han måtte trække François på en slæde ind i den nærliggende skov.

Il a ensuite dû ramener une lourde charge de bois de chauffage.

Så måtte han trække et læs tungt brænde tilbage.

Buck était fier, donc cela lui faisait mal d'être traité comme un animal de travail.

Buck var stolt, så det gjorde ondt på ham at blive behandlet som et arbejdsdyr.

Mais il était sage et n'a pas essayé de lutter contre la nouvelle situation.

Men han var klog og forsøgte ikke at kæmpe imod den nye situation.

Il a accepté sa nouvelle vie et a donné le meilleur de lui-même dans chaque tâche.

Han accepterede sit nye liv og gav sit bedste i enhver opgave.

Tout ce qui concernait ce travail lui était étrange et inconnu.

Alt ved arbejdet var mærkeligt og uvant for ham.

François était strict et exigeait l'obéissance sans délai.

François var streng og krævede lydighed uden tøven.

Son fouet garantissait que chaque ordre soit exécuté immédiatement.

Hans pisk sørgede for, at enhver kommando blev fulgt med det samme.

Dave était le conducteur du traîneau, le chien le plus proche du traîneau derrière Buck.

Dave var hjulmanden, hunden nærmest slæden bag Buck.

Dave mordait Buck sur les pattes arrière s'il faisait une erreur.

Dave bed Buck i bagbenene, hvis han lavede en fejl.

Spitz était le chien de tête, compétent et expérimenté dans ce rôle.

Spitz var førerhunden, dygtig og erfaren i rollen.

Spitz ne pouvait pas atteindre Buck facilement, mais il le corrigea quand même.

Spitz kunne ikke nemt nå Buck, men rettede ham alligevel.

Il grognait durement ou tirait le traîneau d'une manière qui enseignait à Buck.

Han knurrede hårdt eller trak slæden på måder, der lærte Buck det.

Grâce à cette formation, Buck a appris plus vite que ce qu'ils avaient imaginé.

Under denne træning lærte Buck hurtigere end nogen af dem forventede.

Il a travaillé dur et a appris de François et des autres chiens.

Han arbejdede hårdt og lærte af både François og de andre hunde.

À leur retour, Buck connaissait déjà les commandes clés.

Da de vendte tilbage, kendte Buck allerede de vigtigste kommandoer.

Il a appris à s'arrêter au son « ho » de François.

Han lærte at stoppe ved lyden af "ho" fra François.

Il a appris quand il a dû tirer le traîneau et courir.

Han lærte det, når han skulle trække slæden og løbe.

Il a appris à tourner largement dans les virages du sentier sans difficulté.

Han lærte at dreje bredt i sving på stien uden problemer.

Il a également appris à éviter Dave lorsque le traîneau descendait rapidement.

Han lærte også at undgå Dave, når slæden kørte hurtigt ned ad bakke.

« Ce sont de très bons chiens », dit fièrement François à Perrault.

"De er rigtig gode hunde," fortalte François stolt Perrault.

« Ce Buck tire comme un dingue, je lui apprends vite fait. »

"Den Buck trækker som bare pokker – jeg lærer ham det så hurtigt."

Plus tard dans la journée, Perrault est revenu avec deux autres chiens husky.

Senere samme dag kom Perrault tilbage med to huskyhunde mere.

Ils s'appelaient Billee et Joe, et ils étaient frères.

Deres navne var Billee og Joe, og de var brødre.

Ils venaient de la même mère, mais ne se ressemblaient pas du tout.

De kom fra den samme mor, men var slet ikke ens.

Billee était de nature douce et très amicale avec tout le monde.

Billee var mild og alt for venlig over for alle.

Joe était tout le contraire : calme, en colère et toujours en train de grogner.

Joe var det modsatte – stille, vred og altid knurrende.

Buck les a accueillis de manière amicale et s'est montré calme avec eux deux.

Buck hilste venligt på dem og var rolig over for dem begge.

Dave ne leur prêta aucune attention et resta silencieux comme d'habitude.

Dave lagde ikke mærke til dem og forblev tavs som sædvanlig.

Spitz a attaqué d'abord Billee, puis Joe, pour montrer sa domination.

Spitz angreb først Billee, derefter Joe, for at vise sin dominans.

Billee remua la queue et essaya d'être amical avec Spitz.

Billee logrede med halen og prøvede at være venlig over for Spitz.

Lorsque cela n'a pas fonctionné, il a essayé de s'enfuir à la place.

Da det ikke virkede, prøvede han i stedet at stikke af.

Il a pleuré tristement lorsque Spitz l'a mordu fort sur le côté.

Han græd sørgmodigt, da Spitz bed ham hårdt i siden.

Mais Joe était très différent et refusait d'être intimidé.

Men Joe var meget anderledes og nægtede at blive mobbet.

Chaque fois que Spitz s'approchait, Joe se retournait pour lui faire face rapidement.

Hver gang Spitz kom i nærheden, drejede Joe sig hurtigt om for at stå ansigt til ansigt med ham.

Sa fourrure se hérissa, ses lèvres se retroussèrent et ses dents claquèrent sauvagement.

Hans pels strittede, hans læber krøllede sig sammen, og hans tænder knækkede vildt.

Les yeux de Joe brillaient de peur et de rage, défiant Spitz de frapper.

Joes øjne glimtede af frygt og raseri og udfordrede Spitz til at slå til.

Spitz abandonna le combat et se détourna, humilié et en colère.

Spitz opgav kampen og vendte sig væk, ydmyget og vred.

Il a déversé sa frustration sur le pauvre Billee et l'a chassé.

Han lod sin frustration ud over stakkels Billee og jog ham væk.

Ce soir-là, Perrault ajouta un chien de plus à l'équipe.

Den aften tilføjede Perrault endnu en hund til holdet.

Ce chien était vieux, maigre et couvert de cicatrices de guerre.

Denne hund var gammel, mager og dækket af kampar.

L'un de ses yeux manquait, mais l'autre brillait de puissance.

Det ene af hans øjne manglede, men det andet glimtede af kraft.

Le nom du nouveau chien était Solleks, ce qui signifiait « celui qui est en colère ».

Den nye hunds navn var Solleks, hvilket betød den Vrede.

Comme Dave, Solleks ne demandait rien aux autres et ne donnait rien en retour.

Ligesom Dave bad Solleks ikke andre om noget og gav intet tilbage.

Lorsque Solleks entra lentement dans le camp, même Spitz resta à l'écart.

Da Solleks langsomt gik ind i lejren, holdt selv Spitz sig væk.

Il avait une étrange habitude que Buck a eu la malchance de découvrir.

Han havde en mærkelig vane, som Buck var uheldig at opdage.

Solleks détestait qu'on l'approche du côté où il était aveugle.

Solleks hadede at blive kontaktet fra den side, hvor han var
blind.

Buck ne le savait pas et a fait cette erreur par accident.

Buck vidste ikke dette og begik den fejl ved et uheld.

**Solleks se retourna et frappa l'épaule de Buck profondément
et rapidement.**

Solleks snurrede rundt og skar Bucks skulder dybt og hurtigt.

**À partir de ce moment, Buck ne s'est plus jamais approché
du côté aveugle de Solleks.**

Fra det øjeblik kom Buck aldrig i nærheden af Solleks' blinde
side.

**Ils n'ont plus jamais eu de problèmes pendant le reste de
leur temps ensemble.**

De havde aldrig problemer igen resten af deres tid sammen.

**Solleks voulait seulement être laissé seul, comme le calme
Dave.**

Solleks ville bare være i fred, ligesom den stille Dave.

**Mais Buck apprendra plus tard qu'ils avaient chacun un
autre objectif secret.**

Men Buck skulle senere finde ud af, at de hver især havde et
andet hemmeligt mål.

**Cette nuit-là, Buck a dû faire face à un nouveau défi
troublant : comment dormir.**

Den nat stod Buck over for en ny og bekymrende udfordring –
hvordan han skulle sove.

**La tente brillait chaleureusement à la lumière des bougies
dans le champ enneigé.**

Teltet glødede varmt af stearinlysets skær i den snedækkede
mark.

**Buck entra, pensant qu'il pourrait se reposer là comme
avant.**

Buck gik indenfor og tænkte, at han kunne hvile sig der
ligesom før.

**Mais Perrault et François lui criaient dessus et lui jetaient
des casseroles.**

Men Perrault og François råbte ad ham og kastede med
pander.

Choqué et confus, Buck s'est enfui dans le froid glacial.

Chokeret og forvirret løb Buck ud i den iskolde kulde.

Un vent glacial piquait son épaule blessée et lui gelait les pattes.

En bitter vind stak i hans sårede skulder og frøs hans poter.

Il s'est allongé dans la neige et a essayé de dormir à la belle étoile.

Han lagde sig ned i sneen og prøvede at sove ude i det fri.

Mais le froid l'obligea bientôt à se relever, tremblant terriblement.

Men kulden tvang ham snart til at rejse sig igen, rystende voldsomt.

Il erra dans le camp, essayant de trouver un endroit plus chaud.

Han vandrede gennem lejren og forsøgte at finde et varmere sted.

Mais chaque coin était aussi froid que le précédent.

Men hvert hjørne var lige så koldt som det foregående.

Parfois, des chiens sauvages sautaient sur lui dans l'obscurité.

Nogle gange sprang vilde hunde på ham fra mørket.

Buck hérissa sa fourrure, montra ses dents et grogna en signe d'avertissement.

Buck strittede i pelsen, blottede tænderne og knurrede advarende.

Il apprenait vite et les autres chiens reculaient rapidement.

Han lærte hurtigt, og de andre hunde bakkede hurtigt væk.

Il n'avait toujours pas d'endroit où dormir et ne savait pas quoi faire.

Alligevel havde han intet sted at sove, og ingen anelse om, hvad han skulle gøre.

Finalement, une pensée lui vint : aller voir ses coéquipiers.

Endelig slog ham en tanke – se til sine holdkammerater.

Il est retourné dans leur région et a été surpris de les trouver partis.

Han vendte tilbage til deres område og blev overrasket over at finde dem væk.

Il chercha à nouveau dans le camp, mais ne parvint toujours pas à les trouver.

Igen gennemsøgte han lejren, men kunne stadig ikke finde dem.

Il savait qu'ils ne pouvaient pas être dans la tente, sinon il le serait aussi.

Han vidste, at de ikke kunne være i teltet, ellers ville han også være det.

Alors, où étaient passés tous les chiens dans ce camp gelé ?

Så hvor var alle hundene blevet af i denne frosne lejr?

Buck, froid et misérable, tournait lentement autour de la tente.

Buck, kold og ulykkelig, cirklede langsomt rundt om teltet.

Soudain, ses pattes avant s'enfoncèrent dans la neige molle et le surprit.

Pludselig sank hans forben ned i den bløde sne og forskrækkede ham.

Quelque chose se tortilla sous ses pieds et il sursauta en arrière, effrayé.

Noget vrikkede sig under hans fødder, og han sprang tilbage i frygt.

Il grogna et grogna, ne sachant pas ce qui se cachait sous la neige.

Han knurrede og knurrede, uden at vide, hvad der lå under sneen.

Puis il entendit un petit aboiement amical qui apaisa sa peur.

Så hørte han et venligt lille gøen, der lindrede hans frygt.

Il renifla l'air et s'approcha pour voir ce qui était caché.

Han snusede i luften og kom tættere på for at se, hvad der gemte sig.

Sous la neige, recroquevillée en boule chaude, se trouvait la petite Billee.

Under sneen, krøllet sammen til en varm kugle, lå lille Billee.

Billee remua la queue et lécha le visage de Buck pour le saluer.

Billee logrede med halen og slikkede Bucks ansigt for at hilse
på ham.

**Buck a vu comment Billee avait fabriqué un endroit pour
dormir dans la neige.**

Buck så, hvordan Billee havde lavet en soveplads i sneen.

**Il avait creusé et utilisé sa propre chaleur pour rester au
chaud.**

Han havde gravet sig ned og brugt sin egen varme til at holde
sig varm.

**Buck avait appris une autre leçon : c'est ainsi que les chiens
dormaient.**

Buck havde lært endnu en lektie – det var sådan hundene sov.

**Il a choisi un endroit et a commencé à creuser son propre
trou dans la neige.**

Han valgte et sted og begyndte at grave sit eget hul i sneen.

Au début, il bougeait trop et gaspillait de l'énergie.

I starten bevægede han sig for meget rundt og spildte energi.

**Mais bientôt son corps réchauffa l'espace et il se sentit en
sécurité.**

Men snart varmede hans krop rummet op, og han følte sig
tryg.

**Il se recroquevilla étroitement et, peu de temps après, il
s'endormit profondément.**

Han krøllede sig tæt sammen, og inden længe sov han dybt.

La journée avait été longue et dure, et Buck était épuisé.

Dagen havde været lang og hård, og Buck var udmattet.

**Il dormait profondément et confortablement, même si ses
rêves étaient fous.**

Han sov dybt og behageligt, selvom hans drømme var vilde.

**Il grognait et aboyait dans son sommeil, se tordant pendant
qu'il rêvait.**

Han knurrede og gøede i søvne, og vred sig, mens han
drømte.

**Buck ne s'est réveillé que lorsque le camp était déjà en train
de prendre vie.**

Buck vågnede ikke, før lejren allerede var begyndt at vågne til liv.

Au début, il ne savait pas où il était ni ce qui s'était passé.

I starten vidste han ikke, hvor han var, eller hvad der var sket.

La neige était tombée pendant la nuit et avait complètement enseveli son corps.

Sneen var faldet natten over og begravede hans krop fuldstændigt.

La neige se pressait autour de lui, serrée de tous côtés.

Sneen pressede sig tæt omkring ham, tæt på alle sider.

Soudain, une vague de peur traversa tout le corps de Buck.

Pludselig skyllede en bølge af frygt gennem hele Bucks krop.

C'était la peur d'être piégé, une peur venue d'instincts profonds.

Det var frygten for at blive fanget, en frygt fra dybe instinkter.

Bien qu'il n'ait jamais vu de piège, la peur vivait en lui.

Selvom han aldrig havde set en fælde, levede frygten indeni ham.

C'était un chien apprivoisé, mais maintenant ses vieux instincts sauvages se réveillaient.

Han var en tam hund, men nu vågnede hans gamle vilde instinkter.

Les muscles de Buck se tendirent et sa fourrure se dressa sur tout son dos.

Bucks muskler spændtes, og hans pels rejste sig over hele ryggen.

Il grogna férocement et bondit droit dans la neige.

Han knurrede voldsomt og sprang direkte op gennem sneen.

La neige volait dans toutes les directions alors qu'il faisait irruption dans la lumière du jour.

Sneen fløj i alle retninger, da han brød ud i dagslyset.

Avant même d'atterrir, Buck vit le camp s'étendre devant lui.

Selv før landing så Buck lejren brede sig ud foran sig.

Il se souvenait de tout ce qui s'était passé la veille, d'un seul coup.

Han huskede alt fra dagen før, på én gang.

Il se souvenait d'avoir flâné avec Manuel et d'avoir fini à cet endroit.

Han huskede, at han slentrede med Manuel og endte på dette sted.

Il se souvenait avoir creusé le trou et s'être endormi dans le froid.

Han huskede, at han havde gravet hullet og faldet i søvn i kulden.

Maintenant, il était réveillé et le monde sauvage qui l'entourait était clair.

Nu var han vågen, og den vilde verden omkring ham var klar.

Un cri de François salua l'apparition soudaine de Buck.

Et råb fra François hyldede Bucks pludselige tilsynekomst.

« Qu'est-ce que j'ai dit ? » cria le conducteur du chien à Perrault.

"Hvad sagde jeg?" råbte hundeføreren højt til Perrault.

« Ce Buck apprend vraiment très vite », a ajouté François.

"Den Buck lærer helt sikkert hurtigt," tilføjede François.

Perrault hocha gravement la tête, visiblement satisfait du résultat.

Perrault nikkede alvorligt, tydeligt tilfreds med resultatet.

En tant que courrier pour le gouvernement canadien, il transportait des dépêches.

Som kurer for den canadiske regering bar han forsendelser.

Il était impatient de trouver les meilleurs chiens pour son importante mission.

Han var ivrig efter at finde de bedste hunde til sin vigtige mission.

Il se sentait particulièrement heureux maintenant que Buck faisait partie de l'équipe.

Han følte sig særligt glad nu, da Buck var en del af holdet.

Trois autres huskies ont été ajoutés à l'équipe en une heure.

Tre yderligere huskies blev føjet til holdet inden for en time.

Cela porte le nombre total de chiens dans l'équipe à neuf.

Det bragte det samlede antal hunde på holdet op på ni.

En quinze minutes, tous les chiens étaient dans leurs harnais.

Inden for femten minutter var alle hundene i deres seler.

L'équipe de traîneaux remontait le sentier en direction du canyon de Dyea.

Slædeholdet svingede op ad stien mod Dyea Cañon.

Buck était heureux de partir, même si le travail à venir était difficile.

Buck var glad for at skulle afsted, selvom arbejdet forude var hårdt.

Il s'est rendu compte qu'il ne détestait pas particulièrement le travail ou le froid.

Han opdagede, at han ikke særlig foragtede arbejdet eller kulden.

Il a été surpris par l'empressement qui a rempli toute l'équipe.

Han var overrasket over den iver, der fyldte hele holdet.

Encore plus surprenant fut le changement qui s'était produit chez Dave et Solleks.

Endnu mere overraskende var den forandring, der var kommet over Dave og Solleks.

Ces deux chiens étaient complètement différents lorsqu'ils étaient attelés.

Disse to hunde var helt forskellige, da de var spændt i sele.

Leur passivité et leur manque d'intérêt avaient complètement disparu.

Deres passivitet og mangel på bekymring var fuldstændig forsvundet.

Ils étaient alertes et actifs, et désireux de bien faire leur travail.

De var årvågne og aktive og ivrige efter at udføre deres arbejde godt.

Ils s'irritaient violemment à tout ce qui pouvait provoquer un retard ou une confusion.

De blev voldsomt irriterede over alt, der forårsagede forsinkelse eller forvirring.

Le travail acharné sur les rênes était le centre de tout leur être.

Det hårde arbejde med tøjlerne var centrum for hele deres væsen.

Tirer un traîneau semblait être la seule chose qu'ils appréciaient vraiment.

Slædetrækning syntes at være det eneste, de virkelig nød.

Dave était à l'arrière du groupe, le plus proche du traîneau lui-même.

Dave var bagest i gruppen, tættest på selve slæden.

Buck a été placé devant Dave, et Solleks a dépassé Buck.

Buck blev placeret foran Dave, og Solleks trak foran Buck.

Le reste des chiens était aligné devant eux en file indienne.

Resten af hundene var trukket ud foran i én række.

La position de tête à l'avant était occupée par Spitz.

Den førende position i front blev udfyldt af Spitz.

Buck avait été placé entre Dave et Solleks pour l'instruction.

Buck var blevet placeret mellem Dave og Solleks for at få instruktion.

Il apprenait vite et ils étaient des professeurs fermes et compétents.

Han var hurtig til at lære, og de var bestemte og dygtige lærere.

Ils n'ont jamais permis à Buck de rester longtemps dans l'erreur.

De lod aldrig Buck forblive på vildspor længe.

Ils ont enseigné leurs leçons avec des dents acérées quand c'était nécessaire.

De underviste deres lektioner med skarpe tænder, når det var nødvendigt.

Dave était juste et faisait preuve d'une sagesse calme et sérieuse.

Dave var retfærdig og udviste en stille, seriøs form for visdom.

Il n'a jamais mordu Buck sans une bonne raison de le faire.

Han bed aldrig Buck uden en god grund til det.

Mais il n'a jamais manqué de mordre lorsque Buck avait besoin d'être corrigé.

Men han undlod altid at bide, når Buck havde brug for at blive irettesat.

Le fouet de François était toujours prêt et soutenait leur autorité.

François' pisk var altid klar og bakkede deres autoritet op.

Buck a vite compris qu'il valait mieux obéir que riposter.

Buck fandt snart ud af, at det var bedre at adlyde end at kæmpe imod.

Un jour, lors d'un court repos, Buck s'est emmêlé dans les rênes.

Engang, under en kort pause, viklede Buck sig ind i tøjlerne.

Il a retardé le départ et a perturbé le mouvement de l'équipe.

Han forsinkede starten og forstyrrede holdets bevægelser.

Dave et Solleks se sont jetés sur lui et lui ont donné une raclée.

Dave og Solleks fløj efter ham og gav ham et hårdt tæsk.

L'enchevêtrement n'a fait qu'empirer, mais Buck a bien appris sa leçon.

Virvaret blev kun værre, men Buck lærte sin lektie godt.

Dès lors, il garda les rênes tendues et travailla avec soin.

Fra da af holdt han tøjlerne stram og arbejdede omhyggeligt.

Avant la fin de la journée, Buck avait maîtrisé une grande partie de sa tâche.

Inden dagen var omme, havde Buck mestret en stor del af sin opgave.

Ses coéquipiers ont presque arrêté de le corriger ou de le mordre.

Hans holdkammerater holdt næsten op med at rette eller bide ham.

Le fouet de François claquait de moins en moins souvent dans l'air.

François' pisk knaldede sjældnere og sjældnere gennem luften.

Perrault a même soulevé les pieds de Buck et a soigneusement examiné chaque patte.

Perrault løftede endda Bucks fødder og undersøgte omhyggeligt hver pote.

Cela avait été une journée de course difficile, longue et épuisante pour eux tous.

Det havde været en hård løbetur, lang og udmattende for dem alle.

Ils remontèrent le Cañon, traversèrent Sheep Camp et passèrent devant les Scales.

De rejste op ad Cañon, gennem Sheep Camp og forbi Scales.

Ils ont traversé la limite des forêts, puis des glaciers et des congères de plusieurs mètres de profondeur.

De krydsede trægrænsen, derefter gletsjere og snedriver, der var mange meter dybe.

Ils ont escaladé la grande et froide chaîne de montagnes Chilkoot Divide.

De besteg den store, kolde og uhyggelige Chilkoot-kløft.

Cette haute crête se dressait entre l'eau salée et l'intérieur gelé.

Den høje højderyg stod mellem saltvand og det frosne indre.

Les montagnes protégeaient le Nord triste et solitaire avec de la glace et des montées abruptes.

Bjergene beskyttede det triste og ensomme Nord med is og stejle stigninger.

Ils ont parcouru à bon rythme une longue chaîne de lacs en aval de la ligne de partage des eaux.

De havde god tid ned ad en lang kæde af søer nedenfor kløften.

Ces lacs remplissaient les anciens cratères de volcans éteints.

Disse søer fyldte de gamle kratere af udslukte vulkaner.

Tard dans la nuit, ils atteignirent un grand camp au bord du lac Bennett.

Sent på aftenen nåede de en stor lejr ved Lake Bennett.

Des milliers de chercheurs d'or étaient là, construisant des bateaux pour le printemps.

Tusindvis af guldsøgere var der og byggede både til foråret.

La glace allait bientôt se briser et ils devaient être prêts.

Isen ville snart bryde op, og de måtte være klar.

Buck creusa son trou dans la neige et tomba dans un profond sommeil.

Buck gravede sit hul i sneen og faldt i en dyb søvn.

Il dormait comme un ouvrier, épuisé par une dure journée de travail.

Han sov som en arbejder, udmattet efter den hårde dags slid.

Mais trop tôt dans l'obscurité, il fut tiré de son sommeil.

Men for tidligt i mørket blev han hevet ud af søvnen.

Il fut à nouveau attelé avec ses compagnons et attaché au traîneau.

Han blev spændt for sammen med sine kammerater igen og fastgjort til slæden.

Ce jour-là, ils ont parcouru quarante milles, car la neige était bien battue.

Den dag tilbagelagde de fyrre mil, fordi sneen var godt trådt ned.

Le lendemain, et pendant plusieurs jours après, la neige était molle.

Den næste dag, og i mange dage efter, var sneen blød.

Ils ont dû faire le chemin eux-mêmes, en travaillant plus dur et en avançant plus lentement.

De måtte selv lave stien, arbejde hårdere og bevæge sig langsommere.

Habituellement, Perrault marchait devant l'équipe avec des raquettes palmées.

Normalt gik Perrault foran holdet med snesko med svømmehud.

Ses pas ont compacté la neige, facilitant ainsi le déplacement du traîneau.

Hans skridt pakket sneen, hvilket gjorde det lettere for slæden at bevæge sig.

François, qui dirigeait depuis le mât, prenait parfois le relais.

François, der styrede fra gee-pole, tog sommetider over.

Mais il était rare que François prenne les devants

Men det var sjældent, at François tog føringen

parce que Perrault était pressé de livrer les lettres et les colis.

fordi Perrault havde travlt med at omdele brevene og pakkerne.

Perrault était fier de sa connaissance de la neige, et surtout de la glace.

Perrault var stolt af sin viden om sne, og især is.

Cette connaissance était essentielle, car la glace d'automne était dangereusement mince.

Den viden var essentiel, fordi efterårsisen var faretruende tynd.

Là où l'eau coulait rapidement sous la surface, il n'y avait pas du tout de glace.

Hvor vandet flød hurtigt under overfladen, var der slet ingen is.

Jour après jour, la même routine se répétait sans fin.

Dag efter dag gentog den samme rutine sig uden ende.

Buck travaillait sans relâche sur les rênes, de l'aube jusqu'à la nuit.

Buck sled uendeligt i tøjlerne fra daggry til nat.

Ils quittèrent le camp dans l'obscurité, bien avant le lever du soleil.

De forlod lejren i mørket, længe før solen var stået op.

Au moment où le jour se leva, ils avaient déjà parcouru de nombreux kilomètres.

Da dagslyset kom, var der allerede mange kilometer bag dem.

Ils ont installé leur campement après la tombée de la nuit, mangeant du poisson et creusant dans la neige.

De slog lejr efter mørkets frembrud, spiste fisk og gravede sig ned i sneen.

Buck avait toujours faim et n'était jamais vraiment satisfait de sa ration.

Buck var altid sulten og aldrig helt tilfreds med sin ration.

Il recevait une livre et demie de saumon séché chaque jour.

Han fik halvandet pund tørret laks hver dag.

Mais la nourriture semblait disparaître en lui, laissant la faim derrière elle.

Men maden syntes at forsvinde indeni ham og efterlod sulten.

Il souffrait constamment de la faim et rêvait de plus de nourriture.

Han led af konstant sult og drømte om mere mad.

Les autres chiens n'ont pris qu'une livre, mais ils sont restés forts.

De andre hunde fik kun et pund mad, men de forblev stærke.

Ils étaient plus petits et étaient nés dans le mode de vie du Nord.

De var mindre og var født ind i det nordlige liv.

Il perdit rapidement la méticulosité qui avait marqué son ancienne vie.

Han mistede hurtigt den omhu, der havde præget hans gamle liv.

Il avait été un mangeur délicat, mais maintenant ce n'était plus possible.

Han havde været en lækkerbisken, men nu var det ikke længere muligt.

Ses camarades ont terminé premiers et lui ont volé sa ration inachevée.

Hans venner blev først færdige og røvede ham for hans uafsluttede ration.

Une fois qu'ils ont commencé, il n'y avait aucun moyen de défendre sa nourriture contre eux.

Da de først var begyndt, var der ingen måde at forsvare hans mad mod dem.

Pendant qu'il combattait deux ou trois chiens, les autres volaient le reste.

Mens han slog to eller tre hunde væk, stjal de andre resten.

Pour résoudre ce problème, il a commencé à manger aussi vite que les autres.

For at løse dette begyndte han at spise lige så hurtigt som de andre spiste.

La faim le poussait tellement qu'il prenait même de la nourriture qui n'était pas la sienne.

Sulten pressede ham så hårdt, at han endda spiste mad, der ikke var sin egen.

Il observait les autres et apprenait rapidement de leurs actions.

Han iagttog de andre og lærte hurtigt af deres handlinger.

Il a vu Pike, un nouveau chien, voler une tranche de bacon à Perrault.

Han så Pike, en ny hund, stjæle et stykke bacon fra Perrault.

Pike avait attendu que Perrault ait le dos tourné pour voler le bacon.

Pike havde ventet, indtil Perrault var vendt ryggen til, for at stjæle baconet.

Le lendemain, Buck a copié Pike et a volé tout le morceau.

Næste dag kopierede Buck Pike og stjal hele stykket.

Un grand tumulte s'ensuivit, mais Buck ne fut pas suspecté.

Et stort oprør fulgte, men Buck var ikke mistænkt.

Dub, un chien maladroit qui se faisait toujours prendre, a été puni à la place.

Dub, en klodset hund der altid blev fanget, blev i stedet straffet.

Ce premier vol a fait de Buck un chien apte à survivre dans le Nord.

Det første tyveri markerede Buck som en hund, der var egnet til at overleve i Norden.

Il a montré qu'il pouvait s'adapter à de nouvelles conditions et apprendre rapidement.

Han viste, at han kunne tilpasse sig nye forhold og lære hurtigt.

Sans une telle adaptabilité, il serait mort rapidement et gravement.

Uden en sådan tilpasningsevne ville han være død hurtigt og alvorligt.

Cela a également marqué l'effondrement de sa nature morale et de ses valeurs passées.

Det markerede også et sammenbrud af hans moralske natur og tidligere værdier.

Dans le Southland, il avait vécu sous la loi de l'amour et de la bonté.

I Sydlandet havde han levet under kærlighedens og venlighedens lov.

Là, il était logique de respecter la propriété et les sentiments des autres chiens.

Der gav det mening at respektere ejendom og andre hundes følelser.

Mais le Northland suivait la loi du gourdin et la loi du croc.

Men Northland fulgte kølleloven og hugtandloven.

Quiconque respectait les anciennes valeurs ici était stupide et échouerait.

Den, der respekterede gamle værdier her, var tåbelig og ville fejle.

Buck n'a pas réfléchi à tout cela dans son esprit.

Buck tænkte ikke alt dette igennem i sit hoved.

Il était en forme et s'est donc adapté sans avoir besoin de réfléchir.

Han var i form, så han tilpassede sig uden at behøve at tænke.

De toute sa vie, il n'avait jamais fui un combat.

Hele sit liv var han aldrig løbet væk fra en kamp.

Mais la massue en bois de l'homme au pull rouge a changé cette règle.

Men trækøllen til manden i den røde sweater ændrede den regel.

Il suivait désormais un code plus profond et plus ancien, inscrit dans son être.

Nu fulgte han en dybere, ældre kodeks skrevet ind i hans væsen.

Il ne volait pas par plaisir, mais par faim.

Han stjal ikke af nydelse, men af sultens smerte.

Il n'a jamais volé ouvertement, mais il a volé avec ruse et prudence.

Han røvede aldrig åbenlyst, men stjal med list og omhu.

Il a agi par respect pour la massue en bois et par peur du croc.

Han handlede af respekt for trækøllen og frygt for hugtand.

En bref, il a fait ce qui était plus facile et plus sûr que de ne pas le faire.

Kort sagt, han gjorde det, der var nemmere og sikrere end ikke at gøre det.

Son développement – ou peut-être son retour à ses anciens instincts – fut rapide.

Hans udvikling – eller måske hans tilbagevenden til gamle instinkter – var hurtig.

Ses muscles se durcirent jusqu'à devenir aussi forts que du fer.

Hans muskler blev hårde, indtil de føltes stærke som jern.

Il ne se souciait plus de la douleur, à moins qu'elle ne soit grave.

Han var ligeglad med smerten længere, medmindre den var alvorlig.

Il est devenu efficace à l'intérieur comme à l'extérieur, ne gaspillant rien du tout.

Han blev effektiv både indvendigt og udvendigt og spildte ingenting.

Il pouvait manger des choses viles, pourries ou difficiles à digérer.

Han kunne spise ting, der var modbydelige, rådne eller svære at fordøje.

Quoi qu'il mange, son estomac utilisait jusqu'au dernier morceau de valeur.

Uanset hvad han spiste, brugte hans mave hver en smule af værdi.

Son sang transportait les nutriments loin dans son corps puissant.

Hans blod bar næringsstofferne langt gennem hans kraftfulde krop.

Cela a créé des tissus solides qui lui ont donné une endurance incroyable.

Dette opbyggede stærkt væv, der gav ham utrolig udholdenhed.

Sa vue et son odorat sont devenus beaucoup plus sensibles qu'avant.

Hans syn og lugtesans blev meget mere følsomme end før.

Son ouïe est devenue si fine qu'il pouvait détecter des sons faibles pendant son sommeil.

Hans hørelse blev så skarp, at han kunne opfatte svage lyde i søvne.

Il savait dans ses rêves si les sons signifiaient sécurité ou danger.

Han vidste i sine drømme, om lydene betød sikkerhed eller fare.

Il a appris à mordre la glace entre ses orteils avec ses dents.

Han lærte at bide i isen mellem tæerne med tænderne.

Si un point d'eau gelait, il brisait la glace avec ses jambes.

Hvis et vandhul frøs til, ville han bryde isen med benene.

Il se cabra et frappa violemment la glace avec ses membres antérieurs raides.

Han rejste sig og slog hårdt i isen med stive forlemmer.

Sa capacité la plus frappante était de prédire les changements de vent pendant la nuit.

Hans mest slående evne var at forudsige vindændringer natten over.

Même lorsque l'air était calme, il choisissait des endroits abrités du vent.

Selv når luften var stille, valgte han steder i læ for vinden.

Partout où il creusait son nid, le vent du lendemain le passait à côté de lui.

Hvor end han gravede sin rede, blæste den næste dags vind forbi ham.

Il finissait toujours par se blottir et se protéger, sous le vent.

Han endte altid lunt og beskyttet, i læ af vinden.

Buck n'a pas seulement appris par l'expérience : son instinct est également revenu.

Buck lærte ikke kun af erfaring – hans instinkter vendte også tilbage.

Les habitudes des générations domestiquées ont commencé à disparaître.

De domesticerede generationers vaner begyndte at falde væk.

De manière vague, il se souvenait des temps anciens de sa race.

På vage måder huskede han sin races oldtid.

Il repensa à l'époque où les chiens sauvages couraient en meute dans les forêts.

Han tænkte tilbage på dengang vilde hunde løb i flok gennem skovene.

Ils avaient poursuivi et tué leur proie en la poursuivant.

De havde jagtet og dræbt deres bytte, mens de løb efter det.

Il était facile pour Buck d'apprendre à se battre avec force et rapidité.

Det var let for Buck at lære at kæmpe med tænder og fart.

Il utilisait des coupures, des entailles et des coups rapides, tout comme ses ancêtres.

Han brugte snit, hug og hurtige snaps ligesom sine forfædre.

Ces ancêtres se sont réveillés en lui et ont réveillé sa nature sauvage.

Disse forfædre rørte sig i ham og vækkede hans vilde natur.

Leurs anciennes compétences lui avaient été transmises par le sang.

Deres gamle færdigheder var gået i arv til ham.

Leurs tours étaient désormais à lui, sans besoin de pratique ni d'effort.

Deres tricks var nu hans, uden behov for øvelse eller anstrengelse.

Lors des nuits calmes et froides, Buck levait le nez et hurlait.

På stille, kolde nætter løftede Buck næsen og hylede.

Il hurla longuement et profondément, comme le faisaient les loups autrefois.

Han hylede længe og dybt, sådan som ulve havde gjort for længe siden.

À travers lui, ses ancêtres morts pointaient leur nez et hurlaient.

Gennem ham pegede hans afdøde forfædre næsen og hylede.

Ils ont hurlé à travers les siècles avec sa voix et sa forme.

De hylede ned gennem århundrederne i hans stemme og skikkelse.

Ses cadences étaient les leurs, de vieux cris qui parlaient de chagrin et de froid.

Hans kadencer var deres, gamle råb, der fortalte om sorg og kulde.

Ils chantaient l'obscurité, la faim et le sens de l'hiver.

De sang om mørke, om sult og vinterens betydning.

Buck a prouvé que la vie est façonnée par des forces qui nous dépassent.

Buck beviste, hvordan livet formes af kræfter ud over én selv,

L'ancienne chanson s'éleva à travers Buck et s'empara de son âme.

den gamle sang steg gennem Buck og greb fat i hans sjæl.

Il s'est retrouvé parce que les hommes avaient trouvé de l'or dans le Nord.

Han fandt sig selv, fordi mænd havde fundet guld i Norden.

Et il s'est retrouvé parce que Manuel, l'aide du jardinier, avait besoin d'argent.

Og han fandt sig selv, fordi Manuel, gartnerens hjælper, havde brug for penge.

La Bête Primordiale Dominante
Det dominerende urdyr

La bête primordiale dominante était aussi forte que jamais en Buck.
Det dominerende urdyr var lige så stærkt som altid i Buck.

Mais la bête primordiale dominante sommeillait en lui.
Men det dominerende urdyr havde ligget i dvale i ham.

La vie sur le sentier était dure, mais elle renforçait la bête qui sommeillait en Buck.
Livet på stien var hårdt, men det styrkede dyret indeni Buck.

Secrètement, la bête devenait de plus en plus forte chaque jour.
Hemmeligt blev udyret stærkere og stærkere for hver dag.

Mais cette croissance intérieure est restée cachée au monde extérieur.
Men den indre vækst forblev skjult for omverdenen.

Une force primordiale, calme et tranquille, se construisait à l'intérieur de Buck.
En stille og rolig urkraft var ved at bygge sig op inde i Buck.

Une nouvelle ruse a donné à Buck l'équilibre, le calme, le contrôle et l'équilibre.
Ny list gav Buck balance, rolig kontrol og raseri.

Buck s'est concentré sur son adaptation, sans jamais se sentir complètement détendu.
Buck fokuserede hårdt på at tilpasse sig og følte sig aldrig helt afslappet.

Il évitait les conflits, ne déclenchait jamais de bagarres et ne cherchait jamais les ennuis.
Han undgik konflikter, startede aldrig skænderier eller opsøgte problemer.

Une réflexion lente et constante façonnait chaque mouvement de Buck.
En langsom, støt eftertænksomhed formede hver eneste bevægelse af Buck.

Il évitait les choix irréfléchis et les décisions soudaines et imprudentes.

Han undgik forhastede valg og pludselige, hensynsløse beslutninger.

Bien que Buck détestait profondément Spitz, il ne lui montrait aucune agressivité.

Selvom Buck hadede Spitz dybt, viste han ham ingen aggression.

Buck n'a jamais provoqué Spitz et a gardé ses actions contenues.

Buck provokerede aldrig Spitz og holdt sine handlinger tilbage.

Spitz, de son côté, sentait le danger grandissant chez Buck.

Spitz fornemmede derimod den voksende fare i Buck.

Il considérait Buck comme une menace et un sérieux défi à son pouvoir.

Han så Buck som en trussel og en alvorlig udfordring for sin magt.

Il profitait de chaque occasion pour grogner et montrer ses dents acérées.

Han benyttede enhver lejlighed til at knurre og vise sine skarpe tænder.

Il essayait de déclencher le combat mortel qui devait avoir lieu.

Han forsøgte at starte den dødbringende kamp, der måtte komme.

Au début du voyage, une bagarre a failli éclater entre eux.

Tidligt på turen brød der næsten ud et slagsmål mellem dem.

Mais un accident inattendu a empêché le combat d'avoir lieu.

Men en uventet ulykke forhindrede kampen.

Ce soir-là, ils installèrent leur campement sur le lac Le Barge, extrêmement froid.

Den aften slog de lejr ved den bidende kolde sø Le Barge.

La neige tombait fort et le vent soufflait comme un couteau.

Sneen faldt hårdt, og vinden skar som en kniv.

La nuit était venue trop vite et l'obscurité les entourait.

Natten kom alt for hurtigt, og mørket omgav dem.

Ils n'auraient pas pu choisir un pire endroit pour se reposer.

De kunne næppe have valgt et værre sted at hvile sig.

Les chiens cherchaient désespérément un endroit où se coucher.

Hundene ledte desperat efter et sted at ligge.

Un haut mur de roche s'élevait abruptement derrière le petit groupe.

En høj klippevæg rejste sig stejlt bag den lille gruppe.

La tente avait été laissée à Dyea pour alléger la charge.

Teltet var blevet efterladt i Dyea for at lette byrden.

Ils n'avaient pas d'autre choix que d'allumer le feu sur la glace elle-même.

De havde intet andet valg end at lave bålet på selve isen.

Ils étendent leurs robes de nuit directement sur le lac gelé.

De bredte deres soveklæder direkte ud på den frosne sø.

Quelques bâtons de bois flotté leur ont donné un peu de feu.

Et par drivtømmer gav dem lidt ild.

Mais le feu s'est allumé sur la glace et a fondu à travers elle.

Men ilden blev anlagt på isen og tøede op gennem den.

Finalement, ils mangeaient leur dîner dans l'obscurité.

Til sidst spiste de deres aftensmad i mørket.

Buck s'est recroquevillé près du rocher, à l'abri du vent froid.

Buck krøllede sig sammen ved siden af klippen, i læ for den kolde vind.

L'endroit était si chaud et sûr que Buck détestait déménager.

Stedet var så varmt og trygt, at Buck hadede at flytte væk.

Mais François avait réchauffé le poisson et distribuait les rations.

Men François havde varmet fisken og var ved at uddele rationer.

Buck finit de manger rapidement et retourna dans son lit.

Buck spiste hurtigt færdig og gik tilbage til sin seng.

Mais Spitz était maintenant allongé là où Buck avait fait son lit.

Men Spitz lå nu, hvor Buck havde redt sin seng.

Un grognement sourd avertit Buck que Spitz refusait de bouger.

En lav knurren advarede Buck om, at Spitz nægtede at røre sig.

Jusqu'à présent, Buck avait évité ce combat avec Spitz.

Indtil nu havde Buck undgået denne kamp med Spitz.

Mais au plus profond de Buck, la bête s'est finalement libérée.

Men dybt inde i Buck brød udyret endelig løs.

Le vol de son lieu de couchage était trop difficile à tolérer.

Tyveriet af hans soveplads var for meget at tolerere.

Buck se lança sur Spitz, plein de colère et de rage.

Buck kastede sig mod Spitz, fuld af vrede og raseri.

Jusqu'à présent, Spitz pensait que Buck n'était qu'un gros chien.

Indtil da havde Spitz troet, at Buck bare var en stor hund.

Il ne pensait pas que Buck avait survécu grâce à son esprit.

Han troede ikke, at Buck havde overlevet gennem sin ånd.

Il s'attendait à la peur et à la lâcheté, pas à la fureur et à la vengeance.

Han forventede frygt og fejhed, ikke raseri og hævn.

François regarda les deux chiens sortir du nid en ruine.

François stirrede, mens begge hunde brasede ud af den ødelagte rede.

Il comprit immédiatement ce qui avait déclenché cette lutte sauvage.

Han forstod straks, hvad der havde startet den vilde kamp.

« Aa-ah ! » s'écria François en soutien au chien brun.

"Aa-ah!" råbte François til støtte for den brune hund.

« Frappez-le ! Par Dieu, punissez ce voleur sournois ! »

"Giv ham et tæsk! Ved Gud, straf den luskede tyv!"

Spitz a montré une volonté égale et une impatience folle de se battre.

Spitz viste lige så stor parathed og vild iver efter at kæmpe.

Il cria de rage tout en tournant rapidement en rond, cherchant une ouverture.

Han skreg ud i raseri, mens han drejede hurtigt rundt og ledte efter en åbning.

Buck a montré la même soif de combat et la même prudence.

Buck viste den samme kamplyst og den samme forsigtighed.

Il a également encerclé son adversaire, essayant de prendre le dessus dans la bataille.

Han omringede også sin modstander i et forsøg på at få overtaget i kampen.

Puis quelque chose d'inattendu s'est produit et a tout changé.

Så skete der noget uventet og ændrede alt.

Ce moment a retardé l'éventuelle lutte pour le leadership.

Det øjeblik forsinkede den endelige kamp om lederskabet.

De nombreux kilomètres de piste et de lutte attendaient encore avant la fin.

Mange kilometer sti og kamp ventede stadig før enden.

Perrault cria un juron tandis qu'une massue frappait un os.

Perrault råbte en ed, mens en kølle slog mod et knogle.

Un cri aigu de douleur suivit, puis le chaos explosa tout autour.

Et skarpt smerteskrig fulgte, derefter eksploderede kaos overalt.

Des formes sombres se déplaçaient dans le camp ; des huskies sauvages, affamés et féroces.

Mørke skikkelser bevægede sig i lejren; vilde huskyer, sultne og voldsomme.

Quatre ou cinq douzaines de huskies avaient reniflé le camp de loin.

Fire eller fem dusin huskyer havde snuset til lejren langvejs fra.

Ils s'étaient glissés discrètement pendant que les deux chiens se battaient à proximité.

De havde sneget sig stille ind, mens de to hunde kæmpede i nærheden.

François et Perrault chargèrent en brandissant des massues sur les envahisseurs.

François og Perrault angreb angriberne og svingede køller.

Les huskies affamés ont montré les dents et ont riposté avec frénésie.

De sultende huskyer viste tænder og kæmpede tilbage i vanvid.

L'odeur de la viande et du pain les avait chassés de toute peur.

Duften af kød og brød havde drevet dem over al frygt.

Perrault battait un chien qui avait enfoui sa tête dans la boîte à nourriture.

Perrault slog en hund, der havde begravet sit hoved i madkassen.

Le coup a été violent et la boîte s'est retournée, la nourriture s'est répandue.

Slaget ramte hårdt, og kassen vendte om, og maden væltede ud.

En quelques secondes, une vingtaine de bêtes sauvages déchirèrent le pain et la viande.

På få sekunder rev en snes vilde dyr sig ind i brødet og kødet.

Les gourdin masculins ont porté coup sur coup, mais aucun chien ne s'est détourné.

Herreklubberne landede slag efter slag, men ingen hund vendte sig væk.

Ils hurlaient de douleur, mais se battaient jusqu'à ce qu'il ne reste plus de nourriture.

De hylede af smerte, men kæmpede, indtil der ikke var mad tilbage.

Pendant ce temps, les chiens de traîneau avaient sauté de leurs lits enneigés.

I mellemtiden var slædehundene sprunget fra deres snedækkede senge.

Ils ont été immédiatement attaqués par les huskies vicieux et affamés.

De blev øjeblikkeligt angrebet af de ondskabsfulde sultne huskyer.

Buck n'avait jamais vu de créatures aussi sauvages et affamées auparavant.

Buck havde aldrig set så vilde og sultne skabninger før.

Leur peau pendait librement, cachant à peine leur squelette.

Deres hud hang løs og skjulte knap nok deres skeletter.

Il y avait un feu dans leurs yeux, de faim et de folie

Der var en ild i deres øjne, af sult og vanvid

Il n'y avait aucun moyen de les arrêter, aucune résistance à leur ruée sauvage.

Der var ingen måde at stoppe dem på; ingen kunne modstå deres vilde fart.

Les chiens de traîneau furent repoussés, pressés contre la paroi de la falaise.

Slædehundene blev skubbet tilbage, presset mod klippevæggen.

Trois huskies ont attaqué Buck en même temps, déchirant sa chair.

Tre huskyer angreb Buck på én gang og rev ham i kødet.

Du sang coulait de sa tête et de ses épaules, là où il avait été coupé.

Blod fossede fra hans hoved og skuldre, hvor han var blevet såret.

Le bruit remplissait le camp : grognements, cris et cris de douleur.

Støjen fyldte lejren; knurren, gylpen og smerteskrig.

Billee pleurait fort, comme d'habitude, prise dans la mêlée et la panique.

Billee græd højt, som sædvanlig, fanget i kampen og panikken.

Dave et Solleks se tenaient côte à côte, saignant mais provocants.

Dave og Solleks stod side om side, blødende men trodsige.

Joe s'est battu comme un démon, mordant tout ce qui s'approchait.

Joe kæmpede som en dæmon og bed i alt, der kom i nærheden.

Il a écrasé la jambe d'un husky d'un claquement brutal de ses mâchoires.

Han knuste en huskys ben med et brutalt smæld med kæberne.

Pike a sauté sur le husky blessé et lui a brisé le cou instantanément.

Gedde sprang op på den sårede husky og brækkede dens nakke med det samme.

Buck a attrapé un husky par la gorge et lui a déchiré la veine.

Buck greb fat i halsen på en husky og skar en blodåre gennem den.

Le sang gicla et le goût chaud poussa Buck dans une frénésie.

Blod sprøjtede, og den varme smag drev Buck ud i et vanvid.

Il s'est jeté sur un autre agresseur sans hésitation.

Han kastede sig uden tøven mod en anden angriber.

Au même moment, des dents acérées s'enfoncèrent dans la gorge de Buck.

I samme øjeblik gravede skarpe tænder sig ind i Bucks egen hals.

Spitz avait frappé de côté, attaquant sans avertissement.

Spitz havde slået til fra siden og angrebet uden varsel.

Perrault et François avaient vaincu les chiens en volant la nourriture.

Perrault og François havde besejret hundene, der stjal maden.

Ils se sont alors précipités pour aider leurs chiens à repousser les attaquants.

Nu skyndte de sig at hjælpe deres hunde med at bekæmpe angriberne.

Les chiens affamés se retirèrent tandis que les hommes brandissaient leurs gourdins.

De sultende hunde trak sig tilbage, mens mændene svingede deres køller.

Buck s'est libéré de l'attaque, mais l'évasion a été brève.

Buck slap fri fra angrebet, men flugten var kort.

Les hommes ont couru pour sauver leurs chiens, et les huskies ont de nouveau afflué.

Mændene løb for at redde deres hunde, og huskyerne sværmede igen.

Billee, effrayé et courageux, sauta dans la meute de chiens.

Billee, skræmt til mod, sprang ind i hundeflokken.

Mais il s'est alors enfui sur la glace, saisi de terreur et de panique.

Men så flygtede han over isen i rå skræk og panik.

Pike et Dub suivaient de près, courant pour sauver leur vie.

Pike og Dub fulgte tæt efter og løb for livet.

Le reste de l'équipe s'est séparé et dispersé, les suivant.

Resten af holdet brød sammen og spredtes og fulgte efter dem.

Buck rassembla ses forces pour courir, mais vit alors un éclair.

Buck samlede kræfter til at løbe, men så et glimt.

Spitz s'est jeté sur le côté de Buck, essayant de le faire tomber au sol.

Spitz sprang frem mod Bucks side og forsøgte at slå ham ned på jorden.

Sous cette foule de huskies, Buck n'aurait eu aucune échappatoire.

Under den flok huskyer ville Buck ikke have haft nogen flugt.

Mais Buck est resté ferme et s'est préparé au coup de Spitz.

Men Buck stod fast og forberedte sig på slaget fra Spitz.

Puis il s'est retourné et a couru sur la glace avec l'équipe en fuite.

Så vendte han sig om og løb ud på isen med det flygtende hold.

Plus tard, les neuf chiens de traîneau se sont rassemblés à l'abri des bois.

Senere samledes de ni slædehunde i ly af skoven.

Personne ne les poursuivait plus, mais ils étaient battus et blessés.

Ingen jagtede dem længere, men de blev overfaldet og såret.

Chaque chien avait des blessures ; quatre ou cinq coupures profondes sur chaque corps.

Hver hund havde sår; fire eller fem dybe snitsår på hver krop.

Dub avait une patte arrière blessée et avait du mal à marcher maintenant.

Dub havde et skadet bagben og havde svært ved at gå nu.

Dolly, le nouveau chien de Dyea, avait la gorge tranchée.

Dolly, den nyeste hund fra Dyea, havde en overskåret hals.

Joe avait perdu un œil et l'oreille de Billee était coupée en morceaux

Joe havde mistet et øje, og Billees øre var skåret i stykker.

Tous les chiens ont crié de douleur et de défaite toute la nuit.

Alle hundene græd af smerte og nederlag natten igennem.

À l'aube, ils retournèrent au camp, endoloris et brisés.

Ved daggry sneg de sig tilbage til lejren, ømme og sønderknækkede.

Les huskies avaient disparu, mais le mal était fait.

Huskierne var forsvundet, men skaden var sket.

Perrault et François étaient de mauvaise humeur à cause de la ruine.

Perrault og François stod i dårligt humør over ruinen.

La moitié de la nourriture avait disparu, volée par les voleurs affamés.

Halvdelen af maden var væk, stjålet af de sultne tyve.

Les huskies avaient déchiré les fixations et la toile du traîneau.

Huskierne havde revet sig igennem slædebindinger og kanvas.

Tout ce qui avait une odeur de nourriture avait été complètement dévoré.

Alt, der lugtede af mad, var blevet fuldstændig fortæret.

Ils ont mangé une paire de bottes de voyage en peau d'élan de Perrault.

De spiste et par af Perraults rejsestøvler af elgskind.

Ils ont mâché des reis en cuir et ruiné des sangles au point de les rendre inutilisables.

De tyggede på læderreiser og ødelagde remme, der ikke kunne bruges.

François cessa de fixer le fouet déchiré pour vérifier les chiens.

François holdt op med at stirre på den iturevne piskevippe for at tjekke hundene.

« Ah, mes amis », dit-il d'une voix basse et pleine d'inquiétude.

"Åh, mine venner," sagde han med lav stemme og fyldt med bekymring.

« Peut-être que toutes ces morsures vous transformeront en bêtes folles. »

"Måske vil alle disse bid forvandle jer til vanvittige bæster."

« Peut-être que ce sont tous des chiens enragés, sacredam ! Qu'en penses-tu, Perrault ? »

"Måske alle gale hunde, hellige! Hvad synes du, Perrault?"

Perrault secoua la tête, les yeux sombres d'inquiétude et de peur.

Perrault rystede på hovedet, øjnene mørke af bekymring og frygt.

Il y avait encore quatre cents milles entre eux et Dawson.

Fire hundrede mil lå stadig mellem dem og Dawson.

La folie canine pourrait désormais détruire toute chance de survie.

Hundegalskab kan nu ødelægge enhver chance for overlevelse.

Ils ont passé deux heures à jurer et à essayer de réparer le matériel.

De brugte to timer på at bande og forsøge at reparere udstyret.

L'équipe blessée a finalement quitté le camp, brisée et vaincue.

Det sårede hold forlod endelig lejren, knækkede og besejrede.

C'était le sentier le plus difficile jusqu'à présent, et chaque pas était douloureux.

Dette var den sværeste rute til dato, og hvert skridt var smertefuldt.

La rivière Thirty Mile n'était pas gelée et coulait à flots.

Thirty Mile-floden var ikke frosset til frosset og fosser vildt.

Ce n'est que dans les endroits calmes et les tourbillons que la glace parvenait à tenir.

Kun i rolige steder og hvirvlende strømhvirvler formåede isen at holde sig.

Six jours de dur labeur se sont écoulés jusqu'à ce que les trente milles soient parcourus.

Seks dages hårdt arbejde gik, indtil de 48 kilometer var tilbagelagt.

Chaque kilomètre parcouru sur le sentier apportait du danger et une menace de mort.

Hver kilometer af ruten bragte fare og trussel om død.

Les hommes et les chiens risquaient leur vie à chaque pas douloureux.

Mændene og hundene risikerede deres liv med hvert smertefulde skridt.

Perrault a franchi des ponts de glace minces à une douzaine de reprises.

Perrault brød igennem tynde isbroer et dusin forskellige gange.

Il portait une perche et la laissait tomber sur le trou que son corps avait fait.

Han bar en stang og lod den falde hen over det hul, hans krop havde lavet.

Plus d'une fois, ce poteau a sauvé Perrault de la noyade.

Mere end én gang reddede den stang Perrault fra at drukne.

La vague de froid persistait, l'air était à cinquante degrés en dessous de zéro.

Kulden holdt fast, luften var halvtreds grader under nul.

Chaque fois qu'il tombait, Perrault devait allumer un feu pour survivre.

Hver gang han faldt i, måtte Perrault tænde et bål for at overleve.

Les vêtements mouillés gelaient rapidement, alors il les séchait près d'une source de chaleur intense.

Vådt tøj frøs hurtigt, så han tørrede det i nærheden af brændende hede.

Aucune peur n'a jamais touché Perrault, et cela a fait de lui un courrier.

Perrault var aldrig bange, og det gjorde ham til kurér.

Il a été choisi pour le danger, et il l'a affronté avec une résolution tranquille.

Han blev valgt til fare, og han mødte den med stille beslutsomhed.

Il s'avança face au vent, son visage ratatiné et gelé.

Han pressede sig frem mod vinden, hans indskrumpede ansigt forfrosset.

De l'aube naissante à la tombée de la nuit, Perrault les mena en avant.

Fra svag daggry til aftenens frembrud førte Perrault dem videre.

Il marchait sur une étroite bordure de glace qui se fissurait à chaque pas.

Han gik på smal iskant, der revnede for hvert skridt.

Ils n'osaient pas s'arrêter : chaque pause risquait de provoquer un effondrement mortel.

De turde ikke stoppe – hver pause risikerede et dødeligt sammenbrud.

Un jour, le traîneau s'est brisé, entraînant Dave et Buck à l'intérieur.

En gang brød slæden igennem og trak Dave og Buck ind.

Au moment où ils ont été libérés, tous deux étaient presque gelés.

Da de blev trukket fri, var begge næsten forfrosne.

Les hommes ont rapidement allumé un feu pour garder Buck et Dave en vie.

Mændene byggede hurtigt et bål for at holde Buck og Dave i live.

Les chiens étaient recouverts de glace du nez à la queue, raides comme du bois sculpté.

Hundene var dækket af is fra snude til hale, stive som udskåret træ.

Les hommes les faisaient courir en rond près du feu pour décongeler leurs corps.

Mændene løb med dem i cirkler nær bålet for at tø deres kroppe op.

Ils se sont approchés si près des flammes que leur fourrure a été brûlée.

De kom så tæt på flammerne, at deres pels blev svidet.

Spitz a ensuite brisé la glace, entraînant l'équipe derrière lui.

Spitz brød derefter gennem isen og slæbte holdet ind efter sig.

La cassure s'est étendue jusqu'à l'endroit où Buck tirait.

Bruddet nåede helt op til der, hvor Buck trak.

Buck se pencha en arrière, ses pattes glissant et tremblant sur le bord.

Buck lænede sig hårdt tilbage, poterne gled og dirrede på kanten.

Dave a également tendu vers l'arrière, juste derrière Buck sur la ligne.

Dave spændte også bagover, lige bag Buck på linjen.

François tirait sur le traîneau, ses muscles craquant sous l'effort.

François trak slæden på, hans muskler revnede af anstrengelse.

Une autre fois, la glace du bord s'est fissurée devant et derrière le traîneau.

En anden gang revnede randisen foran og bag slæden.

Ils n'avaient d'autre issue que d'escalader une paroi rocheuse gelée.

De havde ingen udvej undtagen at klatre op ad en frossen klippevæg.

Perrault a réussi à escalader le mur, mais un miracle l'a maintenu en vie.

Perrault klatrede på en eller anden måde op ad muren; et mirakel holdt ham i live.

François resta en bas, priant pour avoir le même genre de chance.

François blev nedenfor og bad om den samme slags held.

Ils ont attaché chaque sangle, chaque amarrage et chaque traçage en une seule longue corde.

De bandt hver rem, surring og skinne sammen til ét langt reb.

Les hommes ont hissé chaque chien, un par un, jusqu'au sommet.

Mændene hev hver hund op, en ad gangen, til toppen.

François est monté en dernier, après le traîneau et toute la charge.

François klatrede sidst, efter slæden og hele lasten.

Commença alors une longue recherche d'un chemin pour descendre des falaises.

Så begyndte en lang søgen efter en sti ned fra klipperne.

Ils sont finalement descendus en utilisant la même corde qu'ils avaient fabriquée.

De kom endelig ned ved hjælp af det samme reb, de havde lavet.

La nuit tombait alors qu'ils retournaient au lit de la rivière, épuisés et endoloris.

Natten faldt på, da de vendte tilbage til flodlejet, udmattede og ømme.

La journée entière ne leur avait permis de gagner qu'un quart de mile.

De havde brugt en hel dag på kun at tilbagelægge en kvart mil.

Au moment où ils atteignirent le Hootalinqua, Buck était épuisé.

Da de nåede Hootalinqua, var Buck udmattet.

Les autres chiens ont tout autant souffert des conditions du sentier.

De andre hunde led lige så hårdt under forholdene på stien.

Mais Perrault avait besoin de récupérer du temps et les poussait chaque jour.

Men Perrault havde brug for at indhente tid og pressede dem på hver dag.

Le premier jour, ils ont parcouru trente miles jusqu'à Big Salmon.

Den første dag rejste de 48 kilometer til Big Salmon.

Le lendemain, ils parcoururent trente-cinq milles jusqu'à Little Salmon.

Den næste dag rejste de 65 kilometer til Little Salmon.

Le troisième jour, ils ont parcouru quarante longs kilomètres gelés.

På den tredje dag tilbagelagde de fyrre lange, frosne mil.

À ce moment-là, ils approchaient de la colonie de Five Fingers.

På det tidspunkt nærmede de sig bosættelsen Five Fingers.

Les pieds de Buck étaient plus doux que les pieds durs des huskies indigènes.
Bucks fødder var blødere end de hårde fødder hos indfødte huskies.
Ses pattes étaient devenues plus fragiles au fil des générations civilisées.
Hans poter var blevet møre gennem mange civiliserede generationer.
Il y a longtemps, ses ancêtres avaient été apprivoisés par des hommes de la rivière ou des chasseurs.
For længe siden var hans forfædre blevet tæmmet af flodmænd eller jægere.
Chaque jour, Buck boitait de douleur, marchant sur des pattes à vif et douloureuses.
Hver dag haltede Buck af smerte og gik på rå, ømme poter.
Au camp, Buck tomba comme une forme sans vie sur la neige.
I lejren faldt Buck ned som en livløs skikkelse på sneen.
Bien qu'affamé, Buck ne s'est pas levé pour manger son repas du soir.
Selvom Buck var sulten, stod han ikke op for at spise sit aftensmåltid.
François apporta sa ration à Buck, en déposant du poisson près de son museau.
François bragte Buck sin ration og lagde fisk ved sin snude.
Chaque nuit, le chauffeur frottait les pieds de Buck pendant une demi-heure.
Hver aften gned chaufføren Bucks fødder i en halv time.
François a même découpé ses propres mocassins pour en faire des chaussures pour chiens.
François skar endda sine egne mokkasiner op for at lave hundefodtøj.
Quatre chaussures chaudes ont apporté à Buck un grand et bienvenu soulagement.
Fire varme sko gav Buck en stor og velkommen lettelse.

Un matin, François oublia ses chaussures et Buck refusa de se lever.

En morgen glemte François skoene, og Buck nægtede at rejse sig.

Buck était allongé sur le dos, les pieds en l'air, les agitant pitoyablement.

Buck lå på ryggen med fødderne i vejret og viftede ynkeligt med dem.

Même Perrault sourit à la vue de l'appel dramatique de Buck.

Selv Perrault smilede ved synet af Bucks dramatiske bøn.

Bientôt, les pieds de Buck devinrent durs et les chaussures purent être jetées.

Snart blev Bucks fødder hårde, og skoene kunne smides væk.

À Pelly, pendant le temps du harnais, Dolly laissait échapper un hurlement épouvantable.

Ved Pelly, mens der var tid til at bruge seletøj, udstødte Dolly et frygteligt hyl.

Le cri était long et rempli de folie, secouant chaque chien.

Skriget var langt og fyldt med vanvid og rystede hver eneste hund.

Chaque chien se hérissait de peur sans en connaître la raison.

Hver hund strittede i skræk uden at kende årsagen.

Dolly était devenue folle et s'était jetée directement sur Buck.

Dolly var blevet sindssyg og kastede sig direkte mod Buck.

Buck n'avait jamais vu la folie, mais l'horreur remplissait son cœur.

Buck havde aldrig set vanvid, men rædsel fyldte hans hjerte.

Sans réfléchir, il se retourna et s'enfuit, complètement paniqué.

Uden at tænke sig om vendte han sig om og flygtede i fuldstændig panik.

Dolly le poursuivit, les yeux fous, la salive s'échappant de ses mâchoires.

Dolly jagtede ham, hendes øjne var vilde, og spyttet fløi fra hendes kæber.

Elle est restée juste derrière Buck, sans jamais gagner ni reculer.

Hun holdt sig lige bag Buck, uden at vinde og uden at falde tilbage.

Buck courut à travers les bois, le long de l'île, sur de la glace déchiquetée.

Buck løb gennem skoven, ned ad øen, hen over ujævn is.

Il traversa vers une île, puis une autre, revenant vers la rivière.

Han krydsede til en ø, derefter en anden, og gik i ring tilbage til floden.

Dolly le poursuivait toujours, son grognement le suivant de près à chaque pas.

Dolly jagtede ham stadig, hendes knurren tæt efter hende ved hvert skridt.

Buck pouvait entendre son souffle et sa rage, même s'il n'osait pas regarder en arrière.

Buck kunne høre hendes åndedrag og raseri, selvom han ikke turde se sig tilbage.

François cria de loin, et Buck se tourna vers la voix.

råbte François langvejs fra, og Buck vendte sig mod stemmen.

Encore à bout de souffle, Buck courut, plaçant tout espoir en François.

Stadig gispede efter vejret løb Buck forbi og satte al sin lid til François.

Le conducteur du chien leva une hache et attendit que Buck passe à toute vitesse.

Hundeføreren løftede en økse og ventede, mens Buck fløj forbi.

La hache s'abattit rapidement et frappa la tête de Dolly avec une force mortelle.

Øksen faldt hurtigt ned og ramte Dollys hoved med dødelig kraft.

Buck s'est effondré près du traîneau, essoufflé et incapable de bouger.

Buck kollapsede nær slæden, hvæsende og ude af stand til at bevæge sig.

Ce moment a donné à Spitz l'occasion de frapper un ennemi épuisé.

Det øjeblik gav Spitz chancen for at angribe en udmattet fjende.

Il a mordu Buck à deux reprises, déchirant la chair jusqu'à l'os blanc.

To gange bed han Buck og flåede kødet ned til den hvide knogle.

Le fouet de François claqua, frappant Spitz avec toute sa force et sa fureur.

François' pisk knækkede og ramte Spitz med fuld, voldsom kraft.

Buck regarda avec joie Spitz recevoir sa raclée la plus dure jusqu'à présent.

Buck så med glæde til, mens Spitz fik sin hidtil hårdeste prygl.

« C'est un diable, ce Spitz », murmura sombrement Perrault pour lui-même.

"Han er en djævel, den Spitz," mumlede Perrault dystert for sig selv.

« Un jour prochain, ce maudit chien tuera Buck, je le jure. »

"En dag snart vil den forbandede hund dræbe Buck – jeg sværger det."

« Ce Buck a deux démons en lui », répondit François en hochant la tête.

„Den Buck har to djævle i sig," svarede François med et nik.

« Quand je regarde Buck, je sais que quelque chose de féroce l'attend. »

"Når jeg ser Buck, ved jeg, at noget voldsomt venter i ham."

« Un jour, il deviendra fou comme le feu et mettra Spitz en pièces. »

"En dag bliver han rasende som ild og river Spitz i stykker."

« Il va mâcher ce chien et le recracher sur la neige gelée. »

"Han vil tygge den hund i stykker og spytte ham ud i den frosne sne."

« Bien sûr que non, je le sais au plus profond de moi. »

"Ja, det ved jeg jo inderst inde."

À partir de ce moment-là, les deux chiens étaient engagés dans une guerre.

Fra det øjeblik var de to hunde låst i en krig.

Spitz a dirigé l'équipe et a conservé le pouvoir, mais Buck a contesté cela.

Spitz førte holdet og havde magten, men Buck udfordrede det.

Spitz a vu son rang menacé par cet étrange étranger du Sud.

Spitz så sin rang truet af denne mærkelige fremmede fra Sydlandet.

Buck ne ressemblait à aucun autre chien du sud que Spitz avait connu auparavant.

Buck var ulig nogen anden sydstatshund, som Spitz havde kendt før.

La plupart d'entre eux ont échoué, trop faibles pour survivre au froid et à la faim.

De fleste af dem fejlede – for svage til at overleve kulde og sult.

Ils sont morts rapidement à cause du travail, du gel et de la lenteur de la famine.

De døde hurtigt under arbejde, frost og hungersnødens langsomme sved.

Buck se démarquait : plus fort, plus intelligent et plus sauvage chaque jour.

Buck skilte sig ud – stærkere, klogere og mere vild for hver dag.

Il a prospéré dans les difficultés, grandissant jusqu'à égaler les huskies du Nord.

Han trivedes med modgang og voksede op til at matche de nordlige huskies.

Buck avait de la force, une habileté sauvage et un instinct patient et mortel.

Buck havde styrke, vild kunnen og et tålmodigt, dødbringende instinkt.

L'homme avec la massue avait fait perdre à Buck toute témérité.

Manden med køllen havde banket ubesindigheden ud af Buck.

La fureur aveugle avait disparu, remplacée par une ruse silencieuse et un contrôle.

Blind raseri var væk, erstattet af stille list og kontrol.

Il attendait, calme et primitif, guettant le bon moment.

Han ventede, rolig og primal, og spejdede efter det rette øjeblik.

Leur lutte pour le commandement est devenue inévitable et claire.

Deres kamp om kommandoen blev uundgåelig og klar.

Buck désirait être un leader parce que son esprit l'exigeait.

Buck ønskede lederskab, fordi hans ånd krævede det.

Il était poussé par l'étrange fierté née du sentier et du harnais.

Han var drevet af den mærkelige stolthed født af sti og seletøj.

Cette fierté a poussé les chiens à tirer jusqu'à ce qu'ils s'effondrent sur la neige.

Den stolthed fik hunde til at trække, indtil de kollapsede i sneen.

L'orgueil les a poussés à donner toute la force qu'ils avaient.

Stolthed lokkede dem til at give al den styrke, de havde.

L'orgueil peut attirer un chien de traîneau jusqu'à la mort.

Stolthed kan lokke en slædehund helt til døden.

La perte du harnais a laissé les chiens brisés et sans but.

At miste selen efterlod hundene ødelagte og uden formål.

Le cœur d'un chien de traîneau peut être brisé par la honte lorsqu'il prend sa retraite.

En slædehunds hjerte kan knuses af skam, når den går på pension.

Dave vivait avec cette fierté alors qu'il tirait le traîneau par derrière.

Dave levede af den stolthed, mens han slæbte slæden bagfra.

Solleks, lui aussi, a tout donné avec une force et une loyauté redoutables.

Solleks gav også alt, hvad han havde, med barsk styrke og loyalitet.

Chaque matin, l'orgueil les faisait passer de l'amertume à la détermination.

Hver morgen forvandlede stoltheden dem fra bitre til beslutsomme.

Ils ont poussé toute la journée, puis sont restés silencieux à la fin du camp.

De kæmpede hele dagen, og så blev de tavse for enden af lejren.

Cette fierté a donné à Spitz la force de battre les tire-au-flanc.

Den stolthed gav Spitz styrken til at komme i forkøbet af sherkers.

Spitz craignait Buck parce que Buck portait cette même fierté profonde.

Spitz frygtede Buck, fordi Buck bar den samme dybe stolthed.

L'orgueil de Buck s'est alors retourné contre Spitz, et il ne s'est pas arrêté.

Bucks stolthed vakte nu mod Spitz, og han stoppede ikke.

Buck a défié le pouvoir de Spitz et l'a empêché de punir les chiens.

Buck trodsede Spitz' magt og forhindrede ham i at straffe hunde.

Lorsque les autres échouaient, Buck s'interposait entre eux et leur chef.

Da andre fejlede, trådte Buck mellem dem og deres leder.

Il l'a fait intentionnellement, en rendant son défi ouvert et clair.

Han gjorde dette med vilje og gjorde sin udfordring åben og klar.

Une nuit, une forte neige a recouvert le monde d'un profond silence.

En nat indhyllede tung sne verden i dyb stilhed.

Le lendemain matin, Pike, paresseux comme toujours, ne se leva pas pour aller travailler.

Næste morgen stod Pike, doven som altid, ikke op for at gå på arbejde.

Il est resté caché dans son nid sous une épaisse couche de neige.

Han holdt sig skjult i sin rede under et tykt lag sne.

François a appelé et cherché, mais n'a pas pu trouver le chien.

François råbte og ledte, men kunne ikke finde hunden.

Spitz devint furieux et se précipita à travers le camp couvert de neige.

Spitz blev rasende og stormede gennem den snedækkede lejr.

Il grogna et renifla, creusant frénétiquement avec des yeux flamboyants.

Han knurrede og snøftede, mens han gravede vanvittigt med flammende øjne.

Sa rage était si féroce que Pike tremblait sous la neige de peur.

Hans raseri var så voldsomt, at Pike rystede under sneen af frygt.

Lorsque Pike fut finalement retrouvé, Spitz se précipita pour punir le chien qui se cachait.

Da Pike endelig blev fundet, sprang Spitz frem for at straffe den gemte hund.

Mais Buck s'est précipité entre eux avec une fureur égale à celle de Spitz.

Men Buck sprang imellem dem med en raseri lig med Spitz' egen.

L'attaque fut si soudaine et intelligente que Spitz tomba.

Angrebet var så pludseligt og snedigt, at Spitz faldt omkuld.

Pike, qui tremblait, puisa du courage dans ce défi.

Pike, der havde rystet, fandt mod i denne trodsighed.

Il sauta sur le Spitz tombé, suivant l'exemple audacieux de Buck.

Han sprang op på den faldne Spitz og fulgte Bucks dristige eksempel.

Buck, n'étant plus tenu par l'équité, a rejoint la grève contre Spitz.

Buck, ikke længere bundet af retfærdighed, sluttede sig til strejken på Spitz.

François, amusé mais ferme dans sa discipline, balançait son lourd fouet.

François, underholdt men fast i disciplinen, svingede sin tunge piskeslag.

Il frappa Buck de toutes ses forces pour mettre fin au combat.

Han slog Buck med al sin kraft for at afbryde kampen.

Buck a refusé de bouger et est resté au sommet du chef tombé.

Buck nægtede at bevæge sig og blev oven på den faldne leder.

François a ensuite utilisé le manche du fouet, frappant Buck durement.

François brugte derefter piskens håndtag og ramte Buck hårdt.

Titubant sous le coup, Buck recula sous l'assaut.

Buck, der vaklede af slaget, faldt bagover under angrebet.

François frappait encore et encore tandis que Spitz punissait Pike.

François slog til igen og igen, mens Spitz straffede Pike.

Les jours passèrent et Dawson City se rapprocha de plus en plus.

Dagene gik, og Dawson City kom nærmere og nærmere.

Buck n'arrêtait pas d'intervenir, se glissant entre le Spitz et les autres chiens.

Buck blev ved med at blande sig og gled ind mellem Spitz og de andre hunde.

Il choisissait bien ses moments, attendant toujours que François parte.

Han valgte sine øjeblikke med omhu og ventede altid på, at François skulle gå.

La rébellion silencieuse de Buck s'est propagée et le désordre a pris racine dans l'équipe.

Bucks stille oprør spredte sig, og uorden slog rod i holdet.

Dave et Solleks sont restés fidèles, mais d'autres sont devenus indisciplinés.

Dave og Solleks forblev loyale, men andre blev uregerlige.

L'équipe est devenue de plus en plus agitée, querelleuse et hors de propos.

Holdet blev værre – rastløst, stridbart og ude af trit.

Plus rien ne fonctionnait correctement et les bagarres devenaient courantes.

Intet fungerede længere problemfrit, og slagsmål blev almindelige.

Buck est resté au cœur des troubles, provoquant toujours des troubles.

Buck forblev i hjertet af urolighederne og fremprovokerede altid uro.

François restait vigilant, effrayé par le combat entre Buck et Spitz.

François forblev årvågen, bange for kampen mellem Buck og Spitz.

Chaque nuit, des bagarres le réveillaient, craignant que le commencement n'arrive enfin.

Hver nat vækkede han ham af skænderier, af frygt for at begyndelsen endelig var kommet.

Il sauta de sa robe, prêt à mettre fin au combat.

Han sprang af sin kåbe, klar til at afbryde kampen.

Mais le moment n'arriva jamais et ils atteignirent finalement Dawson.

Men øjeblikket kom aldrig, og de nåede endelig frem til Dawson.

L'équipe est entrée dans la ville un après-midi sombre, tendu et calme.

Holdet kom ind i byen en trist eftermiddag, anspændte og stille.

La grande bataille pour le leadership était encore en suspens dans l'air glacial.

Den store kamp om lederskab hang stadig i den frosne luft.

Dawson était rempli d'hommes et de chiens de traîneau, tous occupés à travailler.

Dawson var fuld af mænd og slædehunde, alle travlt optaget af arbejde.

Buck regardait les chiens tirer des charges du matin au soir.

Buck så hundene trække læs fra morgen til aften.

Ils transportaient des bûches et du bois de chauffage et acheminaient des fournitures vers les mines.

De slæbte træstammer og brænde og fragtede forsyninger til minerne.

Là où les chevaux travaillaient autrefois dans le Southland, les chiens travaillent désormais.

Hvor heste engang arbejdede i Sydlandet, arbejdede hunde nu.

Buck a vu quelques chiens du Sud, mais la plupart étaient des huskies ressemblant à des loups.

Buck så nogle hunde fra syd, men de fleste var ulvelignende huskyer.

La nuit, comme une horloge, les chiens élevaient la voix pour chanter.

Om natten, som et urværk, hævede hundene deres stemmer i sang.

À neuf heures, à minuit et à nouveau à trois heures, les chants ont commencé.

Klokken ni, ved midnat og igen klokken tre begyndte sangen.

Buck aimait se joindre à leur chant étrange, au son sauvage et ancien.

Buck elskede at være med i deres uhyggelige sang, vild og ældgammel i lyd.

Les aurores boréales flamboyaient, les étoiles dansaient et la neige recouvrait le pays.

Nordlyset flammede, stjernerne dansede, og sne dækkede landet.

Le chant des chiens s'éleva comme un cri contre le silence et le froid glacial.

Hundenes sang rejste sig som et råb mod stilheden og den bidende kulde.

Mais leur hurlement contenait de la tristesse, et non du défi, dans chaque longue note.

Men deres hylen indeholdt sorg, ikke trodsighed, i hver lange tone.

Chaque cri plaintif était plein de supplications, le fardeau de la vie elle-même.

Hvert klageskrig var fuld af bønfaldelser; selve livets byrde.

Cette chanson était vieille, plus vieille que les villes et plus vieille que les incendies.

Den sang var gammel – ældre end byer og ældre end brande

Cette chanson était encore plus ancienne que les voix des hommes.

Den sang var endda ældre end menneskers stemmer.

C'était une chanson du monde des jeunes, quand toutes les chansons étaient tristes.

Det var en sang fra den unge verden, dengang alle sange var triste.

La chanson portait la tristesse d'innombrables générations de chiens.

Sangen bar sorg fra utallige generationer af hunde.

Buck ressentait profondément la mélodie, gémissant de douleur enracinée dans les âges.

Buck følte melodien dybt, stønnende af smerte rodfæstet i tidernes morgen.

Il sanglotait d'un chagrin aussi vieux que le sang sauvage dans ses veines.

Han hulkede af en sorg lige så gammel som det vilde blod i hans årer.

Le froid, l'obscurité et le mystère ont touché l'âme de Buck.

Kulden, mørket og mystikken rørte Bucks sjæl.

Cette chanson prouvait à quel point Buck était revenu à ses origines.

Den sang beviste, hvor langt Buck var vendt tilbage til sine oprindelser.

À travers la neige et les hurlements, il avait trouvé le début de sa propre vie.

Gennem sne og hylende lyde havde han fundet starten på sit eget liv.

Sept jours après leur arrivée à Dawson, ils repartent.

Syv dage efter ankomsten til Dawson rejste de afsted igen.

L'équipe est descendue de la caserne jusqu'au sentier du Yukon.

Holdet faldt fra kasernen ned til Yukon Trail.

Ils ont commencé le voyage de retour vers Dyea et Salt Water.

De begyndte rejsen tilbage mod Dyea og Salt Water.

Perrault portait des dépêches encore plus urgentes qu'auparavant.

Perrault bragte endnu mere presserende depecher end før.

Il était également saisi par la fierté du sentier et avait pour objectif d'établir un record.

Han blev også grebet af stolthed over stien og stræbte efter at sætte rekord.

Cette fois, plusieurs avantages étaient du côté de Perrault.

Denne gang var der flere fordele på Perraults side.

Les chiens s'étaient reposés pendant une semaine entière et avaient repris des forces.

Hundene havde hvilet sig i en hel uge og genvundet deres kræfter.

Le sentier qu'ils avaient ouvert était maintenant damé par d'autres.

Det spor, de havde brød, var nu hårdt pakket af andre.

À certains endroits, la police avait stocké de la nourriture pour les chiens et les hommes.

Nogle steder havde politiet opbevaret mad til både hunde og mænd.

Perrault voyageait léger, se déplaçait rapidement et n'avait pas grand-chose pour l'alourdir.

Perrault rejste let, bevægede sig hurtigt og havde kun lidt til at tynge ham ned.

Ils ont atteint Sixty-Mile, une course de cinquante milles, dès la première nuit.

De nåede Sixty-Mile, en løbetur på 80 kilometer, allerede den første nat.

Le deuxième jour, ils se sont précipités sur le Yukon en direction de Pelly.

På den anden dag stormede de op ad Yukon-floden mod Pelly.

Mais ces beaux progrès ont été accompagnés de beaucoup de difficultés pour François.

Men sådanne fine fremskridt medførte stor belastning for François.

La rébellion silencieuse de Buck avait brisé la discipline de l'équipe.

Bucks stille oprør havde knust holdets disciplin.

Ils ne se rassemblaient plus comme une seule bête dans les rênes.

De trak ikke længere sammen som ét dyr i tøjlerne.

Buck avait conduit d'autres personnes à la défiance par son exemple audacieux.

Buck havde ført andre til trods gennem sit modige eksempel.

L'ordre de Spitz n'a plus été accueilli avec crainte ou respect.

Spitz' befaling blev ikke længere mødt med frygt eller respekt.

Les autres ont perdu leur respect pour lui et ont osé résister à son règne.

De andre mistede deres ærefrygt for ham og turde modsætte sig hans styre.

Une nuit, Pike a volé la moitié d'un poisson et l'a mangé sous les yeux de Buck.

En nat stjal Pike en halv fisk og spiste den lige foran Bucks øjne.

Une autre nuit, Dub et Joe se sont battus contre Spitz et sont restés impunis.

En anden nat kæmpede Dub og Joe mod Spitz og slap ustraffet.

Même Billee gémissait moins doucement et montrait une nouvelle vivacité.

Selv Billee klynkede mindre sødt og viste ny skarphed.

Buck grognait sur Spitz à chaque fois qu'ils se croisaient.

Buck knurrede ad Spitz, hver gang de krydsede veje.

L'attitude de Buck devint audacieuse et menaçante, presque comme celle d'un tyran.

Bucks attitude blev dristig og truende, næsten som en bølle.

Il marchait devant Spitz avec une démarche assurée, pleine de menace moqueuse.

Han gik frem og tilbage foran Spitz med en Pral, fuld af hånlig trussel.

Cet effondrement de l'ordre s'est également propagé parmi les chiens de traîneau.

Det sammenbrud af orden spredte sig også blandt slædehundene.

Ils se battaient et se disputaient plus que jamais, remplissant le camp de bruit.

De skændtes og skændtes mere end nogensinde før og fyldte lejren med støj.

La vie au camp se transformait chaque nuit en un chaos sauvage et hurlant.

Lejrlivet forvandlede sig til et vildt, hylende kaos hver nat.

Seuls Dave et Solleks sont restés stables et concentrés.

Kun Dave og Solleks forblev stabile og fokuserede.

Mais même eux sont devenus colériques à cause des bagarres incessantes.

Men selv de blev kort lunte af de konstante slagsmål.

François jurait dans des langues étranges et piétinait de frustration.

François bandede på fremmede sprog og trampede i frustration.

Il s'arrachait les cheveux et criait tandis que la neige volait sous ses pieds.

Han rev sig i håret og råbte, mens sneen fløj under fødderne.

Son fouet claqua sur le groupe, mais parvint à peine à les maintenir en ligne.

Hans pisk knækkede hen over flokken, men holdt dem lige akkurat på linje.

Chaque fois qu'il tournait le dos, les combats reprenaient.

Hver gang han vendte ryggen til, brød kampene ud igen.

François a utilisé le fouet pour Spitz, tandis que Buck a dirigé les rebelles.

François brugte piskeslaget til Spitz, mens Buck førte an i oprørerne.

Chacun connaissait le rôle de l'autre, mais Buck évitait tout blâme.

Begge kendte den andens rolle, men Buck undgik enhver bebrejdelse.

François n'a jamais surpris Buck en train de provoquer une bagarre ou de se dérober à son travail.

François opdagede aldrig Buck i at starte et slagsmål eller unddrage sig sit arbejde.

Buck travaillait dur sous le harnais – le travail lui faisait désormais vibrer l'esprit.

Buck arbejdede hårdt i seletøj – sliddet opildnede nu hans humør.

Mais il trouvait encore plus de joie à provoquer des bagarres et du chaos dans le camp.

Men han fandt endnu mere glæde i at opildne til slagsmål og kaos i lejren.

Un soir, à l'embouchure du Tahkeena, Dub fit sursauter un lapin.

En aften ved Tahkeenas mund forskrækkede Dub en kanin.

Il a raté la prise et le lièvre d'Amérique s'est enfui.

Han missede fangsten, og sneskokaninen sprang væk.

En quelques secondes, toute l'équipe de traîneau s'est lancée à sa poursuite en poussant des cris sauvages.

På få sekunder satte hele slædeholdet efter dem under vilde skrig.

À proximité, un camp de la police du Nord-Ouest abritait une cinquantaine de chiens huskys.

I nærheden husede en politilejr for det nordvestlige politi halvtreds huskyhunde.

Ils se sont joints à la chasse, descendant ensemble la rivière gelée.

De sluttede sig til jagten og strømmede sammen ned ad den frosne flod.

Le lapin a quitté la rivière et s'est enfui dans le lit d'un ruisseau gelé.

Kaninen drejede væk fra floden og flygtede op ad et frossent bækleje.

Le lapin sautait légèrement sur la neige tandis que les chiens peinaient à se frayer un chemin.

Kaninen hoppede let hen over sneen, mens hundene kæmpede sig igennem.

Buck menait l'énorme meute de soixante chiens dans chaque virage sinueux.

Buck førte den enorme flok på tres hunde rundt om hvert snoede sving.

Il avança, bas et impatient, mais ne put gagner du terrain.

Han skubbede sig fremad, lavt og ivrigt, men kunne ikke vinde terræn.

Son corps brillait sous la lune pâle à chaque saut puissant.

Hans krop glimtede under den blege måne ved hvert kraftfulde spring.

Devant, le lapin se déplaçait comme un fantôme, silencieux et trop rapide pour être attrapé.

Foran bevægede kaninen sig som et spøgelse, tavs og for hurtig til at indhente.

Tous ces vieux instincts – la faim, le frisson – envahirent Buck.

Alle de gamle instinkter – sulten, spændingen – strømmede gennem Buck.

Les humains ressentent parfois cet instinct et sont poussés à chasser avec une arme à feu et des balles.

Mennesker føler dette instinkt til tider, drevet til at jage med gevær og kugle.

Mais Buck ressentait ce sentiment à un niveau plus profond et plus personnel.

Men Buck følte denne følelse på et dybere og mere personligt plan.

Ils ne pouvaient pas ressentir la nature sauvage dans leur sang comme Buck pouvait la ressentir.

De kunne ikke føle vildskaben i deres blod, sådan som Buck kunne.

Il chassait la viande vivante, prêt à tuer avec ses dents et à goûter le sang.

Han jagtede levende kød, klar til at dræbe med tænderne og smage blod.

Son corps se tendait de joie, voulant se baigner dans la vie rouge et chaude.

Hans krop anstrengte sig af glæde og ville bade i varmt, rødt liv.

Une joie étrange marque le point le plus élevé que la vie puisse atteindre.

En mærkelig glæde markerer det højeste punkt, livet nogensinde kan nå.

La sensation d'un pic où les vivants oublient même qu'ils sont en vie.

Følelsen af et højdepunkt, hvor de levende glemmer, at de overhovedet er i live.

Cette joie profonde touche l'artiste perdu dans une inspiration fulgurante.

Denne dybe glæde rører kunstneren, der er fortabt i en flammende inspiration.

Cette joie saisit le soldat qui se bat avec acharnement et n'épargne aucun ennemi.

Denne glæde griber soldaten, der kæmper vildt og ikke skåner nogen fjende.

Cette joie s'empara alors de Buck alors qu'il menait la meute dans une faim primitive.

Denne glæde krævede nu Buck, da han førte an i flokken i ursult.

Il hurla avec le cri ancien du loup, ravi par la chasse vivante.

Han hylede med det ældgamle ulveskrig, begejstret af den levende jagt.

Buck a puisé dans la partie la plus ancienne de lui-même, perdue dans la nature.

Buck tappede ind i den ældste del af sig selv, fortabt i naturen.

Il a puisé au plus profond de lui-même, au-delà de la mémoire, dans le temps brut et ancien.

Han nåede dybt ind i sin indre, ind i tidligere erindring, ind i den rå, ældgamle tid.

Une vague de vie pure a traversé chaque muscle et chaque tendon.

En bølge af rent liv strømmede gennem hver en muskel og sene.

Chaque saut criait qu'il vivait, qu'il traversait la mort.

Hvert spring råbte, at han levede, at han bevægede sig gennem døden.

Son corps s'élevait joyeusement au-dessus d'une terre calme et froide qui ne bougeait jamais.

Hans krop svævede glædesfyldt over det stille, kolde land, der aldrig rørte sig.

Spitz est resté froid et rusé, même dans ses moments les plus fous.

Spitz forblev kold og snedig, selv i sine vildeste øjeblikke.

Il quitta le sentier et traversa un terrain où le ruisseau formait une large courbe.

Han forlod stien og krydsede land, hvor bækken snoede sig bredt.

Buck, inconscient de cela, resta sur le chemin sinueux du lapin.

Buck, uvidende om dette, blev på kaninens snoede sti.

Puis, alors que Buck tournait un virage, le lapin fantomatique était devant lui.

Så, da Buck rundede et sving, var den spøgelseslignende kanin foran ham.

Il vit une deuxième silhouette sauter de la berge devant la proie.

Han så en anden skikkelse springe fra bredden foran byttet.

La silhouette était celle d'un Spitz, atterrissant juste sur le chemin du lapin en fuite.

Skikkelsen var Spitz, der landede lige i den flygtende kanins vej.

Le lapin ne pouvait pas se retourner et a rencontré les mâchoires de Spitz en plein vol.

Kaninen kunne ikke vende sig og mødte Spitz' kæber i luften.

La colonne vertébrale du lapin se brisa avec un cri aussi aigu que le cri d'un humain mourant.

Kaninens rygrad brækkede med et skrig så skarpt som et døende menneskes skrig.

À ce bruit – la chute de la vie à la mort – la meute hurla fort.

Ved den lyd – faldet fra liv til død – hylede flokken højt.

Un chœur sauvage s'éleva derrière Buck, plein de joie sombre.

Et vildt kor rejste sig bag Buck, fuldt af mørk fryd.

Buck n'a émis aucun cri, aucun son, et a chargé directement Spitz.

Buck skreg ikke, ingen lyd, og stormede direkte ind i Spitz.

Il a visé la gorge, mais a touché l'épaule à la place.

Han sigtede efter halsen, men ramte i stedet skulderen.

Ils dégringolèrent dans la neige molle, leurs corps bloqués dans le combat.

De tumlede gennem blød sne; deres kroppe var låst fast i kamp.

Spitz se releva rapidement, comme s'il n'avait jamais été renversé.

Spitz sprang hurtigt op, som om han aldrig var blevet slået ned.

Il a entaillé l'épaule de Buck, puis s'est éloigné du combat.

Han skar Buck i skulderen og sprang derefter væk fra kampen.

À deux reprises, ses dents claquèrent comme des pièges en acier, ses lèvres se retroussèrent et devinrent féroces.

To gange knækkede hans tænder som stålfælder, læberne var krøllede og vilde.

Il recula lentement, cherchant un sol ferme sous ses pieds.

Han bakkede langsomt væk og søgte fast grund under fødderne.

Buck a compris le moment instantanément et pleinement.

Buck forstod øjeblikket øjeblikkeligt og fuldt ud.

Le moment était venu ; le combat allait être un combat à mort.

Tiden var kommet; kampen ville blive en kamp til døden.

Les deux chiens tournaient en rond, grognant, les oreilles plates, les yeux plissés.

De to hunde gik i ring, knurrede med flade ører og sammenknyttede øjne.

Chaque chien attendait que l'autre montre une faiblesse ou fasse un faux pas.

Hver hund ventede på, at den anden skulle vise svaghed eller fejltrin.

Pour Buck, la scène semblait étrangement connue et profondément ancrée dans ses souvenirs.

For Buck føltes scenen uhyggeligt kendt og dybt husket.

Les bois blancs, la terre froide, la bataille au clair de lune.

De hvide skove, den kolde jord, kampen under måneskin.

Un silence pesant emplissait le pays, profond et contre nature.

En tung stilhed fyldte landet, dyb og unaturlig.

Aucun vent ne soufflait, aucune feuille ne bougeait, aucun bruit ne brisait le silence.

Ingen vind rørte sig, intet blad bevægede sig, ingen lyd brød stilheden.

Le souffle des chiens s'élevait comme de la fumée dans l'air glacial et calme.

Hundenes åndedrag steg som røg i den frosne, stille luft.

Le lapin a été depuis longtemps oublié par la meute de bêtes sauvages.

Kaninen var for længst glemt af flokken af vilde dyr.

Ces loups à moitié apprivoisés se tenaient maintenant immobiles dans un large cercle.

Disse halvtæmmede ulve stod nu stille i en vid cirkel.

Ils étaient silencieux, seuls leurs yeux brillants révélaient leur faim.

De var stille, kun deres glødende øjne afslørede deres sult.

Leur souffle s'éleva, regardant le combat final commencer.

Deres åndedræt drev opad, mens de så den sidste kamp begynde.

Pour Buck, cette bataille était ancienne et attendue, pas du tout étrange.

For Buck var dette slag gammelt og forventet, slet ikke mærkeligt.

C'était comme un souvenir de quelque chose qui devait arriver depuis toujours.

Det føltes som et minde om noget, der altid har været meningen, at skulle ske.

Le Spitz était un chien de combat entraîné, affiné par d'innombrables bagarres sauvages.

Spitz var en trænet kamphund, finpudset af utallige vilde slagsmål.

Du Spitzberg au Canada, il a vaincu de nombreux ennemis.

Fra Spitsbergen til Canada havde han besejret mange fjender.

Il était rempli de fureur, mais n'a jamais cédé au contrôle de la rage.

Han var fyldt med raseri, men gav aldrig kontrollen over raseriet.

Sa passion était vive, mais toujours tempérée par un instinct dur.

Hans lidenskab var skarp, men altid dæmpet af et hårdt instinkt.

Il n'a jamais attaqué jusqu'à ce que sa propre défense soit en place.

Han angreb aldrig, før hans eget forsvar var på plads.

Buck a essayé encore et encore d'atteindre le cou vulnérable de Spitz.

Buck forsøgte igen og igen at nå Spitz' sårbare hals.

Mais chaque coup était accueilli par un coup des dents acérées de Spitz.

Men hvert slag blev mødt af et hug fra Spitz' skarpe tænder.

Leurs crocs se sont heurtés et les deux chiens ont saigné de leurs lèvres déchirées.

Deres hugtænder stødte sammen, og begge hunde blødte fra flængede læber.

Peu importe comment Buck s'est lancé, il n'a pas pu briser la défense.

Uanset hvor meget Buck kastede sig frem, kunne han ikke bryde forsvaret.

Il devint de plus en plus furieux, se précipitant avec des explosions de puissance sauvages.

Han blev mere og mere rasende og stormede ind med vilde magtanfald.

À maintes reprises, Buck frappait la gorge blanche du Spitz.

Igen og igen slog Buck efter Spitz' hvide strube.

À chaque fois, Spitz esquivait et riposta avec une morsure tranchante.

Hver gang undveg Spitz og slog igen med et skivende bid.

Buck changea alors de tactique, se précipitant à nouveau comme pour atteindre la gorge.

Så ændrede Buck taktik og skyndte sig igen, som om han ville have struben.

Mais il s'est retiré au milieu de l'attaque, se tournant pour frapper sur le côté.

Men han trak sig tilbage midt i angrebet og vendte sig mod siden.

Il a lancé son épaule sur Spitz, dans le but de le faire tomber.

Han kastede sin skulder ind i Spitz i den hensigt at slå ham ned.

À chaque fois qu'il essayait, Spitz esquivait et ripostait avec une frappe.

Hver gang han forsøgte, undveg Spitz og svarede igen med et hug.

L'épaule de Buck était à vif alors que Spitz s'écartait après chaque coup.

Bucks skulder blev ømme, da Spitz sprang fri efter hvert slag.

Spitz n'avait pas été touché, tandis que Buck saignait de nombreuses blessures.

Spitz var ikke blevet rørt, mens Buck blødte fra mange sår.

La respiration de Buck était rapide et lourde, son corps était couvert de sang.

Bucks åndedrag kom hurtigt og tungt, hans krop glat af blod.

Le combat devenait plus brutal à chaque morsure et à chaque charge.

Kampen blev mere brutal med hvert bid og angreb.

Autour d'eux, soixante chiens silencieux attendaient le premier à tomber.

Omkring dem ventede tres tavse hunde på, at de første skulle falde.

Si un chien tombait, la meute allait mettre fin au combat.

Hvis én hund faldt, ville flokken afslutte kampen.

Spitz vit Buck faiblir et commença à attaquer.

Spitz så Buck blive svagere og begyndte at presse på for angrebet.

Il a maintenu Buck en déséquilibre, le forçant à lutter pour garder pied.

Han holdt Buck ude af balance og tvang ham til at kæmpe for fodfæste.

Un jour, Buck trébucha et tomba, et tous les chiens se relevèrent.

Engang snublede Buck og faldt, og alle hundene rejste sig.

Mais Buck s'est redressé au milieu de sa chute, et tout le monde s'est affalé.

Men Buck rettede sig op midt i faldet, og alle sank ned igen.

Buck avait quelque chose de rare : une imagination née d'un instinct profond.

Buck havde noget sjældent – fantasi født af dyb instinkt.

Il combattait par instinct naturel, mais aussi par ruse.

Han kæmpede af naturlig drift, men han kæmpede også med list.

Il chargea à nouveau comme s'il répétait son tour d'attaque à l'épaule.

Han angreb igen, som om han gentog sit skulderangrebstrick.

Mais à la dernière seconde, il s'est laissé tomber et a balayé Spitz.

Men i sidste sekund faldt han lavt og fejede ind under Spitz.

Ses dents se sont bloquées sur la patte avant gauche de Spitz avec un claquement.

Hans tænder låste sig fast på Spitz' forreste venstre ben med et smæld.

Spitz était maintenant instable, son poids reposant sur seulement trois pattes.

Spitz stod nu ustabel, hans vægt på kun tre ben.

Buck frappa à nouveau, essaya trois fois de le faire tomber.

Buck slog til igen og forsøgte tre gange at få ham ned.

À la quatrième tentative, il a utilisé le même mouvement avec succès.

I fjerde forsøg brugte han den samme bevægelse med succes

Cette fois, Buck a réussi à mordre la jambe droite du Spitz.

Denne gang lykkedes det Buck at bide Spitz i højre ben.

Spitz, bien que paralysé et souffrant, continuait à lutter pour survivre.

Spitz, selvom han var forkrøblet og i smerte, kæmpede fortsat for at overleve.

Il vit le cercle de huskies se resserrer, la langue tirée, les yeux brillants.

Han så kredsen af huskyer stramme sig sammen, med tungerne ude og øjnene glødende.

Ils attendaient de le dévorer, comme ils l'avaient fait pour les autres.

De ventede på at fortære ham, ligesom de havde gjort mod andre.

Cette fois, il se tenait au centre, vaincu et condamné.

Denne gang stod han i midten; besejret og dømt.

Le chien blanc n'avait désormais plus aucune possibilité de s'échapper.

Der var ingen mulighed for at flygte for den hvide hund nu.

Buck n'a montré aucune pitié, car la pitié n'avait pas sa place dans la nature.

Buck viste ingen nåde, for nåde hørte ikke hjemme i naturen.

Buck se déplaçait prudemment, se préparant à la charge finale.

Buck bevægede sig forsigtigt og gjorde sig klar til det sidste angreb.

Le cercle des huskies se referma ; il sentit leur souffle chaud.

Cirklen af huskyer lukkede sig om ham; han mærkede deres varme åndedræt.

Ils s'accroupirent, prêts à bondir lorsque le moment viendrait.

De krøb sammen, klar til at springe, når øjeblikket kom.

Spitz tremblait dans la neige, grognant et changeant de position.

Spitz dirrede i sneen, knurrede og skiftede stilling.

Ses yeux brillaient, ses lèvres se courbaient, ses dents brillaient dans une menace désespérée.

Hans øjne stirrede, læberne krøllede sig sammen, tænderne glimtede i desperat trussel.

Il tituba, essayant toujours de résister à la morsure froide de la mort.

Han vaklede, stadig forsøgende at holde dødens kolde bid tilbage.

Il avait déjà vu cela auparavant, mais toujours du côté des gagnants.

Han havde set dette før, men altid fra den vindende side.

Il était désormais du côté des perdants, des vaincus, de la proie, de la mort.

Nu var han på den tabende side; den besejrede; byttet; døden.

Buck tourna en rond pour porter le coup final, le cercle de chiens se rapprochant.

Buck gik i kredse for at give det sidste slag, hundekredsen pressede sig tættere på.

Il pouvait sentir leur souffle chaud, prêt à tuer.

Han kunne mærke deres varme åndedræt; klar til at blive dræbt.

Un silence s'installa ; tout était à sa place ; le temps s'était arrêté.

Der faldt stilhed; alt var på sin plads; tiden var gået i stå.

Même l'air froid entre eux se figea un dernier instant.

Selv den kolde luft mellem dem frøs til et sidste øjeblik.

Seul Spitz bougea, essayant de retenir sa fin amère.

Kun Spitz bevægede sig og forsøgte at holde sin bitre ende tilbage.

Le cercle des chiens se refermait autour de lui, comme l'était son destin.

Hundekredsen lukkede sig om ham, ligesom hans skæbne var.

Il était désespéré maintenant, sachant ce qui allait se passer.

Han var desperat nu, vel vidende hvad der ville ske.

Buck bondit, épaule contre épaule une dernière fois.

Buck sprang ind, skulder mødte skulder en sidste gang.

Les chiens se sont précipités en avant, couvrant Spitz dans l'obscurité neigeuse.

Hundene stormede frem og dækkede Spitz i det snedækkede mørke.

Buck regardait, debout, le vainqueur dans un monde sauvage.

Buck så til, rank stående; sejrherren i en vild verden.

La bête primordiale dominante avait fait sa proie, et c'était bien.

Det dominerende urdyr havde gjort sit dræb, og det var godt.

Celui qui a gagné la maîtrise
Han, som har vundet mesterskabet

« Hein ? Qu'est-ce que j'ai dit ? Je dis vrai quand je dis que Buck est un démon. »
"Øh? Hvad sagde jeg? Jeg taler sandt, når jeg siger, at Buck er en djævel."

François a dit cela le lendemain matin après avoir constaté la disparition de Spitz.
François sagde dette den næste morgen efter at have fundet Spitz savnet.

Buck se tenait là, couvert de blessures dues au combat acharné.
Buck stod der, dækket af sår fra den voldsomme kamp.

François tira Buck près du feu et lui montra les blessures.
François trak Buck hen til ilden og pegede på sårene.

« Ce Spitz s'est battu comme le Devik », dit Perrault en observant les profondes entailles.
"Den Spitz kæmpede som Devik," sagde Perrault, mens han betragtede de dybe snitsår.

« Et ce Buck s'est battu comme deux diables », répondit aussitôt François.
„Og at Buck kæmpede som to djævle," svarede François straks.

« Maintenant, nous allons faire du bon temps ; plus de Spitz, plus de problèmes. »
"Nu skal vi have det godt; ikke mere Spitz, ikke mere ballade."

Perrault préparait le matériel et chargeait le traîneau avec soin.
Perrault pakkede udstyret og læssede slæden omhyggeligt.

François a attelé les chiens en prévision de la course du jour.
François spændte hundene for som forberedelse til dagens løbetur.

Buck a trotté directement vers la position de tête autrefois détenue par Spitz.
Buck travede direkte til den førende position, som Spitz engang havde haft.

Mais François, sans s'en apercevoir, conduisit Solleks vers l'avant.

Men François, uden at bemærke det, førte Solleks frem til fronten.

Aux yeux de François, Solleks était désormais le meilleur chien de tête.

Efter François' vurdering var Solleks nu den bedste førerhund.

Buck se jeta sur Solleks avec fureur et le repoussa en signe de protestation.

Buck sprang rasende mod Solleks og drev ham tilbage i protest.

Il se tenait là où Spitz s'était autrefois tenu, revendiquant la position de leader.

Han stod, hvor Spitz engang havde stået, og gjorde krav på den førende position.

« Hein ? Hein ? » s'écria François en se frappant les cuisses d'un air amusé.

"Eh? Eh?" udbrød François og slog sig muntert på lårene.

« Regardez Buck, il a tué Spitz, et maintenant il veut prendre le poste ! »

"Se på Buck – han dræbte Spitz, nu vil han tage jobbet!"

« Va-t'en, Chook ! » cria-t-il, essayant de chasser Buck.

"Gå væk, Chook!" råbte han og forsøgte at skræmme Buck væk.

Mais Buck refusa de bouger et resta ferme dans la neige.

Men Buck nægtede at røre sig og stod fast i sneen.

François attrapa Buck par la peau du cou et le tira sur le côté.

François greb fat i Bucks halsskind og trak ham til side.

Buck grogna bas et menaçant mais n'attaqua pas.

Buck knurrede lavt og truende, men angreb ikke.

François a remis Solleks en tête, tentant de régler le différend

François bragte Solleks tilbage i føringen og forsøgte at bilægge striden.

Le vieux chien avait peur de Buck et ne voulait pas rester.

Den gamle hund viste frygt for Buck og ville ikke blive.

Quand François lui tourna le dos, Buck chassa à nouveau Solleks.

Da François vendte ryggen til, drev Buck Solleks ud igen.

Solleks n'a pas résisté et s'est discrètement écarté une fois de plus.

Solleks gjorde ikke modstand og trådte stille til side endnu engang.

François s'est mis en colère et a crié : « Par Dieu, je te répare ! »

François blev vred og råbte: "Ved Gud, jeg ordner dig!"

Il s'approcha de Buck en tenant une lourde massue à la main.

Han kom hen imod Buck med en tung kølle i hånden.

Buck se souvenait bien de l'homme au pull rouge.

Buck huskede tydeligt manden i den røde sweater.

Il recula lentement, observant François, mais grognant profondément.

Han trak sig langsomt tilbage, mens han iagttog François, men knurrede dybt.

Il ne s'est pas précipité en arrière, même lorsque Solleks s'est levé à sa place.

Han skyndte sig ikke tilbage, selv da Solleks stod på hans plads.

Buck tourna en rond juste hors de portée, grognant de fureur et de protestation.

Buck cirklede lige uden for rækkevidde, mens han knurrede i raseri og protest.

Il gardait les yeux fixés sur le gourdin, prêt à esquiver si François lançait.

Han holdt blikket rettet mod køllen, klar til at undvige, hvis François kastede.

Il était devenu sage et prudent quant aux manières des hommes armés.

Han var blevet klog og på vagt over for mænd med våben.

François abandonna et rappela Buck à son ancienne place.

François gav op og kaldte Buck tilbage til sit tidligere sted igen.

Mais Buck recula prudemment, refusant d'obéir à l'ordre.

Men Buck trådte forsigtigt tilbage og nægtede at adlyde
ordren.

**François le suivit, mais Buck ne recula que de quelques pas
supplémentaires.**

François fulgte efter, men Buck trak sig kun et par skridt
tilbage.

Après un certain temps, François jeta l'arme par frustration.

Efter et stykke tid kastede François våbnet fra sig i frustration.

**Il pensait que Buck craignait d'être battu et qu'il allait venir
tranquillement.**

Han troede, at Buck frygtede at blive slået, og at han ville
komme stille og roligt.

**Mais Buck n'évitait pas la punition : il se battait pour son
rang.**

Men Buck undgik ikke straf – han kæmpede for rang.

**Il avait gagné la place de chien de tête grâce à un combat à
mort.**

Han havde fortjent førerhundspladsen gennem en kamp på liv
og død

il n'allait pas se contenter de moins que d'être le leader.

Han ville ikke nøjes med andet end at være leder.

**Perrault a participé à la poursuite pour aider à attraper le
Buck rebelle.**

Perrault tog en hånd med i jagten for at hjælpe med at fange
den oprørske Buck.

**Ensemble, ils l'ont fait courir dans le camp pendant près
d'une heure.**

Sammen løb de ham rundt i lejren i næsten en time.

**Ils lui lancèrent des coups de massue, mais Buck les esquiva
habilement.**

De kastede køller efter ham, men Buck undveg hver enkelt
dygtigt.

**Ils l'ont maudit, lui, ses ancêtres, ses descendants et chaque
cheveu de sa personne.**

De forbandede ham, hans forfædre, hans efterkommere og hvert et hårstrå på ham.

Mais Buck se contenta de gronder en retour et resta hors de leur portée.

Men Buck knurrede bare tilbage og holdt sig lige uden for deres rækkevidde.

Il n'a jamais essayé de s'enfuir mais a délibérément tourné autour du camp.

Han forsøgte aldrig at løbe væk, men gik bevidst rundt om lejren.

Il a clairement fait savoir qu'il obéirait une fois qu'ils lui auraient donné ce qu'il voulait.

Han gjorde det klart, at han ville adlyde, når de først havde givet ham, hvad han ønskede.

François s'est finalement assis et s'est gratté la tête avec frustration.

François satte sig endelig ned og kløede sig frustreret i hovedet.

Perrault consulta sa montre, jura et marmonna à propos du temps perdu.

Perrault kiggede på sit ur, bandede og mumlede om tabt tid.

Une heure s'était déjà écoulée alors qu'ils auraient dû être sur la piste.

Der var allerede gået en time, hvor de burde have været på sporet.

François haussa les épaules d'un air penaud en direction du coursier, qui soupira de défaite.

François trak fåret på skuldrene mod kureren, som sukkede nederlagent.

François se dirigea alors vers Solleks et appela Buck une fois de plus.

Så gik François hen til Solleks og kaldte endnu engang på Buck.

Buck rit comme rit un chien, mais garda une distance prudente.

Buck lo som en hund griner, men holdt sig forsigtigt på afstand.

François retira le harnais de Solleks et le remit à sa place.

François tog Solleks' sele af og bragte ham tilbage på sin plads.

L'équipe de traîneau était entièrement harnachée, avec seulement une place libre.

Slædeholdet stod fuldt spændt, med kun én ledig plads.

La position de têtc est restée vide, clairement destinée à Buck seul.

Føringspositionen forblev tom, tydeligvis kun tiltænkt Buck.

François appela à nouveau, et à nouveau Buck rit et tint bon.

François kaldte igen, og igen lo Buck og holdt stand.

« Jetez le gourdin», ordonna Perrault sans hésitation.

"Smid køllen ned," beordrede Perrault uden tøven.

François obéit et Buck trotta immédiatement en avant, fièrement.

François adlød, og Buck travede straks stolt frem.

Il rit triomphalement et prit la tête.

Han lo triumferende og trådte ind i førerpositionen.

François a sécurisé ses traces et le traîneau a été détaché.

François sikrede sine spor, og slæden blev brudt løs.

Les deux hommes couraient côte à côte tandis que l'équipe s'engageait sur le sentier de la rivière.

Begge mænd løb side om side, mens holdet løb ind på flodstien.

François avait une haute opinion des « deux diables » de Buck,

François havde haft høje tanker om Bucks "to djævle".

mais il s'est vite rendu compte qu'il avait en fait sous-estimé le chien.

men han indså hurtigt, at han faktisk havde undervurderet hunden.

Buck a rapidement pris le leadership et a fait preuve d'excellence.

Buck overtog hurtigt lederskabet og præsterede med fremragende præstation.

En termes de jugement, de réflexion rapide et d'action, Buck a surpassé Spitz.

I dømmekraft, hurtig tænkning og hurtig handling overgik Buck Spitz.

François n'avait jamais vu un chien égal à celui que Buck présentait maintenant.

François havde aldrig set en hund, der kunne måle sig med den, Buck nu fremviste.

Mais Buck excellait vraiment dans l'art de faire respecter l'ordre et d'imposer le respect.

Men Buck udmærkede sig virkelig ved at håndhæve orden og indgyde respekt.

Dave et Solleks ont accepté le changement sans inquiétude ni protestation.

Dave og Solleks accepterede ændringen uden bekymring eller protest.

Ils se concentraient uniquement sur le travail et tiraient fort sur les rênes.

De fokuserede kun på arbejde og at trække hårdt i tøjlerne.

Peu leur importait de savoir qui menait, tant que le traîneau continuait d'avancer.

De var ligeglade med, hvem der førte, så længe slæden blev ved med at bevæge sig.

Billee, la joyeuse, aurait pu diriger pour autant qu'ils s'en soucient.

Billee, den muntre, kunne have ledet an uanset hvad de brød sig om.

Ce qui comptait pour eux, c'était la paix et l'ordre dans les rangs.

Det, der betød noget for dem, var ro og orden i rækkerne.

Le reste de l'équipe était devenu indiscipliné pendant le déclin de Spitz.

Resten af holdet var blevet uregerligt under Spitz' tilbagegang.

Ils furent choqués lorsque Buck les ramena immédiatement à l'ordre.

De var chokerede, da Buck straks bragte dem til orden.

Pike avait toujours été paresseux et traînait les pieds derrière Buck.

Pike havde altid været doven og havde slæbt fødderne efter Buck.

Mais maintenant, il a été sévèrement discipliné par la nouvelle direction.

Men nu blev han skarpt disciplineret af den nye ledelse.

Et il a rapidement appris à faire sa part dans l'équipe.

Og han lærte hurtigt at trække sin balk på holdet.

À la fin de la journée, Pike avait travaillé plus dur que jamais.

Ved dagens slutning arbejdede Pike hårdere end nogensinde før.

Cette nuit-là, au camp, Joe, le chien aigri, fut finalement maîtrisé.

Den aften i lejren blev Joe, den sure hund, endelig underkuet.

Spitz n'avait pas réussi à le discipliner, mais Buck n'avait pas échoué.

Spitz havde undladt at disciplinere ham, men Buck fejlede ikke.

Grâce à son poids plus important, Buck a vaincu Joe en quelques secondes.

Ved at bruge sin større vægt overmandede Buck Joe på få sekunder.

Il a mordu et battu Joe jusqu'à ce qu'il gémisse et cesse de résister.

Han bed og slog Joe, indtil han klynkede og holdt op med at gøre modstand.

Toute l'équipe s'est améliorée à partir de ce moment-là.

Hele holdet forbedrede sig fra det øjeblik.

Les chiens ont retrouvé leur ancienne unité et leur discipline.

Hundene genvandt deres gamle sammenhold og disciplin.

À Rink Rapids, deux nouveaux huskies indigènes, Teek et Koona, nous ont rejoint.

Ved Rink Rapids kom to nye indfødte huskies, Teek og Koona, til.

La rapidité avec laquelle Buck les dressa étonna même François.

Bucks hurtige træning af dem forbløffede selv François.

« Il n'y a jamais eu de chien comme ce Buck ! » s'écria-t-il avec stupéfaction.

"Aldrig har der været sådan en hund som den Buck!" udbrød han forbløffet.

« Non, jamais ! Il vaut mille dollars, bon sang ! »

"Nej, aldrig! Han er tusind dollars værd, for pokker!"

« Hein ? Qu'en dis-tu, Perrault ? » demanda-t-il avec fierté.

"Eh? Hvad siger du, Perrault?" spurgte han stolt.

Perrault hocha la tête en signe d'accord et vérifia ses notes.

Perrault nikkede samtykkende og tjekkede sine noter.

Nous sommes déjà en avance sur le calendrier et gagnons chaque jour davantage.

Vi er allerede foran tidsplanen og får mere hver dag.

Le sentier était dur et lisse, sans neige fraîche.

Stien var hårdt pakket og jævn, uden nysne.

Le froid était constant, oscillant autour de cinquante degrés en dessous de zéro.

Kulden var støt og svævede på halvtreds minusgrader hele tiden.

Les hommes montaient et couraient à tour de rôle pour se réchauffer et gagner du temps.

Mændene red og løb på skift for at holde varmen og få tid.

Les chiens couraient vite avec peu d'arrêts, poussant toujours vers l'avant.

Hundene løb hurtigt med få stop, altid skubbede de fremad.

La rivière Thirty Mile était en grande partie gelée et facile à traverser.

Thirty Mile-floden var for det meste frossen og nem at krydse.

Ils sont sortis en un jour, ce qui leur avait pris dix jours pour venir.

De drog ud på én dag, hvad der havde taget ti dage at komme ind.

Ils ont parcouru une distance de soixante milles du lac Le Barge jusqu'à White Horse.

De susede 10 kilometer fra Lake Le Barge til White Horse.

À travers les lacs Marsh, Tagish et Bennett, ils se déplaçaient incroyablement vite.

Hen over Marsh, Tagish og Bennett Lakes bevægede de sig utroligt hurtigt.

L'homme qui courait était tiré derrière le traîneau par une corde.

Den løbende mand bugserede bag slæden i et reb.

La dernière nuit de la deuxième semaine, ils sont arrivés à destination.

På den sidste aften i uge to nåede de deres destination.

Ils avaient atteint ensemble le sommet du col White.

De havde nået toppen af White Pass sammen.

Ils sont descendus au niveau de la mer avec les lumières de Skaguay en dessous d'eux.

De faldt ned til havets overflade med Skaguays lys under dem.

Il s'agissait d'une course record à travers des kilomètres de nature froide et sauvage.

Det havde været en rekordslået løbetur gennem kilometervis af kold vildmark.

Pendant quatorze jours d'affilée, ils ont parcouru en moyenne quarante miles.

I fjorten dage i træk tilbagelagde de et gennemsnit på 64 kilometer.

À Skaguay, Perrault et François transportaient des marchandises à travers la ville.

I Skaguay flyttede Perrault og François gods gennem byen.

Ils ont été acclamés et ont reçu de nombreuses boissons de la part d'une foule admirative.

De blev hyldet og tilbudt mange drinks af beundrende folkemængder.

Les chasseurs de chiens ct les ouvriers se sont rassemblés autour du célèbre attelage de chiens.

Hundejagtere og arbejdere samledes omkring det berømte hundespand.

Puis les hors-la-loi de l'Ouest arrivèrent en ville et subirent une violente défaite.

Så kom vestlige fredløse til byen og led et voldsomt nederlag.

Les gens ont vite oublié l'équipe et se sont concentrés sur un nouveau drame.

Folket glemte hurtigt holdet og fokuserede på nyt drama.

Puis sont arrivées les nouvelles commandes qui ont tout changé d'un coup.

Så kom de nye ordrer, der ændrede alt på én gang.

François appela Buck à lui et le serra dans ses bras avec une fierté larmoyante.

François kaldte Buck hen til sig og krammede ham med tårevædet stolthed.

Ce moment fut la dernière fois que Buck revit François.

Det øjeblik var sidste gang Buck nogensinde så François igen.

Comme beaucoup d'hommes avant eux, François et Perrault étaient tous deux partis.

Ligesom mange mænd før var både François og Perrault væk.

Un métis écossais a pris en charge Buck et ses coéquipiers de chiens de traîneau.

En skotsk halvblodshund tog ansvaret for Buck og hans slædehundekammerater.

Avec une douzaine d'autres équipes de chiens, ils sont retournés par le sentier jusqu'à Dawson.

Med et dusin andre hundehold vendte de tilbage langs stien til Dawson.

Ce n'était plus une course rapide, juste un travail pénible avec une lourde charge chaque jour.

Det var ikke længere nogen hurtig løbetur – bare hårdt slid med en tung last hver dag.

C'était le train postal qui apportait des nouvelles aux chercheurs d'or près du pôle.

Dette var posttoget, der bragte bud til guldjægere nær polen.

Buck n'aimait pas le travail mais le supportait bien, étant fier de ses efforts.

Buck kunne ikke lide arbejdet, men han bar det godt og var stolt af sin indsats.

Comme Dave et Solleks, Buck a fait preuve de dévouement dans chaque tâche quotidienne.

Ligesom Dave og Solleks viste Buck hengivenhed til hver eneste daglige opgave.

Il s'est assuré que chacun de ses coéquipiers fasse sa part du travail.

Han sørgede for, at hans holdkammerater hver især ydede deres rette pligt.

La vie sur les sentiers est devenue ennuyeuse, répétée avec la précision d'une machine.

Livet på stierne blev kedeligt, gentaget med en maskines præcision.

Chaque jour était le même, un matin se fondant dans le suivant.

Hver dag føltes ens, den ene morgen smeltede sammen med den næste.

À la même heure, les cuisiniers se levèrent pour allumer des feux et préparer la nourriture.

I samme time stod kokkene op for at lave bål og tilberede mad.

Après le petit-déjeuner, certains quittèrent le camp tandis que d'autres attelèrent les chiens.

Efter morgenmaden forlod nogle lejren, mens andre spændte hundene for.

Ils ont pris la route avant que le faible avertissement de l'aube ne touche le ciel.

De ramte stien, før den svage varsling om daggry rørte himlen.

La nuit, ils s'arrêtaient pour camper, chaque homme ayant une tâche précise.

Om natten stoppede de for at slå lejr, hver mand med en fast opgave.

Certains ont monté les tentes, d'autres ont coupé du bois de chauffage et ramassé des branches de pin.

Nogle slog telte op, andre fældede brænde og samlede fyrregrene.

De l'eau ou de la glace étaient ramenées aux cuisiniers pour le repas du soir.

Vand eller is blev båret tilbage til kokkene til aftensmåltidet.

Les chiens ont été nourris et c'était le meilleur moment de la journée pour eux.

Hundene blev fodret, og dette var den bedste del af dagen for dem.

Après avoir mangé du poisson, les chiens se sont détendus et se sont allongés près du feu.

Efter at have spist fisk, slappede hundene af og lå ved bålet.

Il y avait une centaine d'autres chiens dans le convoi avec lesquels se mêler.

Der var hundrede andre hunde i konvojen at blande sig med.

Beaucoup de ces chiens étaient féroces et prompts à se battre sans prévenir.

Mange af disse hunde var vilde og hurtige til at slås uden varsel.

Mais après trois victoires, Buck a maîtrisé même les combattants les plus féroces.

Men efter tre sejre mestrede Buck selv de vildeste kæmpere.

Maintenant, quand Buck grogna et montra ses dents, ils s'écartèrent.

Da Buck knurrede og viste tænderne, trådte de til side.

Mais le plus beau dans tout ça, c'est que Buck aimait s'allonger près du feu de camp vacillant.

Måske allerbedst elskede Buck at ligge nær det blafrende lejrbål.

Il s'accroupit, les pattes arrière repliées et les pattes avant tendues vers l'avant.

Han krøb sammen med bagbenene indad og forbenene strakt fremad.

Sa tête était levée tandis qu'il cligna doucement des yeux devant les flammes rougeoyantes.

Hans hoved var løftet, mens han blinkede sagte mod de glødende flammer.

Parfois, il se souvenait de la grande maison du juge Miller à Santa Clara.

Nogle gange huskede han dommer Millers store hus i Santa Clara.

Il pensait à la piscine en ciment, à Ysabel et au carlin appelé Toots.

Han tænkte på cementbassinet, på Ysabel og mopsen, der hed Toots.

Mais le plus souvent, il se souvenait du gourdin de l'homme au pull rouge.

Men oftere huskede han manden med den røde sweaters kølle.

Il se souvenait de la mort de Curly et de sa bataille acharnée contre Spitz.

Han huskede Krøllets død og hans voldsomme kamp med Spitz.

Il se souvenait aussi des bons plats qu'il avait mangés ou dont il rêvait encore.

Han huskede også den gode mad, han havde spist eller stadig drømte om.

Buck n'avait pas le mal du pays : la vallée chaude était lointaine et irréelle.

Buck havde ikke hjemve – den varme dal var fjern og uvirkelig.

Les souvenirs de Californie n'avaient plus vraiment d'influence sur lui.

Minderne fra Californien havde ikke længere nogen reel tiltrækningskraft på ham.

Plus forts que la mémoire étaient les instincts profondément ancrés dans sa lignée.

Stærkere end hukommelsen var instinkter dybt i hans blodslinje.

Les habitudes autrefois perdues étaient revenues, ravivées par le sentier et la nature sauvage.

Engang tabte vaner var vendt tilbage, genoplivet af stien og naturen.

Tandis que Buck regardait la lumière du feu, cela devenait parfois autre chose.

Når Buck så på ildens skær, blev det sommetider til noget andet.

Il vit à la lueur du feu un autre feu, plus vieux et plus profond que celui-ci.

Han så i ildens skær en anden ild, ældre og dybere end den nuværende.

À côté de cet autre feu se tenait accroupi un homme qui ne ressemblait pas au cuisinier métis.

Ved siden af den anden ild lå en mand, ulig den halvblodskok.

Cette figurine avait des jambes courtes, de longs bras et des muscles durs et noués.

Denne figur havde korte ben, lange arme og hårde, knudrede muskler.

Ses cheveux étaient longs et emmêlés, tombant en arrière à partir des yeux.

Hans hår var langt og filtret og skrånede bagover fra øjnene.

Il émit des sons étranges et regarda l'obscurité avec peur.

Han lavede mærkelige lyde og stirrede frygtsomt ud i mørket.

Il tenait une massue en pierre basse, fermement serrée dans sa longue main rugueuse.

Han holdt en stenkølle lavt, fast grebet i sin lange, ru hånd.

L'homme portait peu de vêtements ; juste une peau carbonisée qui pendait dans son dos.

Manden havde kun lidt på; kun en forkullet hud, der hang ned ad ryggen.

Son corps était couvert de poils épais sur les bras, la poitrine et les cuisses.

Hans krop var dækket af tykt hår på tværs af arme, bryst og lår.

Certaines parties des cheveux étaient emmêlées en plaques de fourrure rugueuse.

Nogle dele af håret var viklet ind i pletter af ru pels.

Il ne se tenait pas droit mais penché en avant des hanches jusqu'aux genoux.

Han stod ikke lige, men bøjede sig forover fra hofterne til knæene.

Ses pas étaient élastiques et félins, comme s'il était toujours prêt à bondir.

Hans skridt var spændstige og katteagtige, som om han altid var klar til at springe.

Il y avait une vive vigilance, comme s'il vivait dans une peur constante.

Der var en skarp årvågenhed, som om han levede i konstant frygt.

Cet homme ancien semblait s'attendre au danger, que le danger soit perçu ou non.

Denne oldgamle mand syntes at forvente fare, uanset om faren blev set eller ej.

Parfois, l'homme poilu dormait près du feu, la tête entre les jambes.

Til tider sov den behårede mand ved ilden med hovedet mellem benene.

Ses coudes reposaient sur ses genoux, ses mains jointes au-dessus de sa tête.

Hans albuer hvilede på hans knæ, hænderne foldet over hans hoved.

Comme un chien, il utilisait ses bras velus pour se débarrasser de la pluie qui tombait.

Ligesom en hund brugte han sine behårede arme til at afværge den faldende regn.

Au-delà de la lumière du feu, Buck vit deux charbons jumeaux briller dans l'obscurité.

Bag ildens skær så Buck to kul, der glødede i mørket.

Toujours deux par deux, ils étaient les yeux des bêtes de proie traquantes.

Altid to og to var de øjnene på forfølgende rovdyr.

Il entendit des corps s'écraser à travers les broussailles et des bruits se faire entendre dans la nuit.

Han hørte lig brage gennem krat og lyde fra natten.

Allongé sur la rive du Yukon, clignant des yeux, Buck rêvait près du feu.

Buck lå blinkende på Yukon-bredden og drømte ved ilden.

Les images et les sons de ce monde sauvage lui faisaient dresser les cheveux sur la tête.

Synene og lydene fra den vilde verden fik ham til at rejse sig i hårene.

La fourrure s'élevait le long de son dos, de ses épaules et de son cou.

Pelsen hævede sig langs hans ryg, hans skuldre og op ad hans hals.

Il gémissait doucement ou émettait un grognement sourd au plus profond de sa poitrine.

Han klynkede sagte eller udstødte en lav knurren dybt i brystet.

Alors le cuisinier métis cria : « Hé, toi Buck, réveille-toi ! »

Så råbte den halvblods kok: "Hey, din Buck, vågn op!"

Le monde des rêves a disparu et la vraie vie est revenue aux yeux de Buck.

Drømmeverdenen forsvandt, og det virkelige liv vendte tilbage i Bucks øjne.

Il allait se lever, s'étirer et bâiller, comme s'il venait de se réveiller d'une sieste.

Han ville til at stå op, strække sig og gabe, som om han var vækket fra en lur.

Le voyage était difficile, avec le traîneau postal qui traînait derrière eux.

Turen var hård, med postslæden slæbende bag dem.

Les lourdes charges et le travail pénible épuisaient les chiens à chaque longue journée.

Tunge læs og hårdt arbejde slidte hundene op hver lange dag.

Ils arrivèrent à Dawson maigres, fatigués et ayant besoin de plus d'une semaine de repos.

De nåede Dawson tynde, trætte og havde brug for over en uges hvile.

Mais seulement deux jours plus tard, ils repartaient sur le Yukon.

Men kun to dage senere begav de sig igen ned ad Yukon-floden.

Ils étaient chargés de lettres supplémentaires destinées au monde extérieur.

De var fyldt med flere breve på vej til omverdenen.

Les chiens étaient épuisés et les hommes se plaignaient constamment.

Hundene var udmattede, og mændene klagede konstant.

La neige tombait tous les jours, ramollissant le sentier et ralentissant les traîneaux.

Sneen faldt hver dag, hvilket gjorde stien blødere og bremsede slæderne.

Cela a rendu la traction plus difficile et a entraîné plus de traînée sur les patins.

Dette gjorde at løberne trak hårdere og fik mere modstand.

Malgré cela, les pilotes étaient justes et se souciaient de leurs équipes.

På trods af det var chaufførerne fair og tog sig af deres hold.

Chaque nuit, les chiens étaient nourris avant que les hommes ne puissent manger.

Hver aften blev hundene fodret, inden mændene fik mad.

Aucun homme ne dormait avant de vérifier les pattes de son propre chien.

Ingen mand sover, før han tjekker sin egen hunds fødder.

Cependant, les chiens s'affaiblissaient à mesure que les kilomètres s'écoulaient sur leur corps.

Alligevel blev hundene svagere, efterhånden som kilometerne blev slidt på deres kroppe.

Ils avaient parcouru mille huit cents kilomètres pendant l'hiver.

De havde rejst atten hundrede mil gennem vinteren.

Ils ont tiré des traîneaux sur chaque kilomètre de cette distance brutale.

De trak slæder over hver en kilometer af den brutale afstand.

Même les chiens de traîneau les plus robustes ressentent de la tension après tant de kilomètres.

Selv de sejeste slædehunde føler en belastning efter så mange kilometer.

Buck a tenu bon, a permis à son équipe de travailler et a maintenu la discipline.

Buck holdt ud, holdt sit hold i gang og opretholdt disciplinen.

Mais Buck était fatigué, tout comme les autres pendant le long voyage.

Men Buck var træt, ligesom de andre på den lange rejse.

Billee gémissait et pleurait dans son sommeil chaque nuit sans faute.

Billee klynkede og græd i søvne hver nat uden undtagelse.

Joe devint encore plus amer et Solleks resta froid et distant.

Joe blev endnu mere bitter, og Solleks forblev kold og fjern.

Mais c'est Dave qui a le plus souffert de toute l'équipe.

Men det var Dave, der led det værst af hele holdet.

Quelque chose n'allait pas en lui, même si personne ne savait quoi.

Noget var gået galt indeni ham, selvom ingen vidste hvad.

Il est devenu de plus en plus maussade et s'en est pris aux autres avec une colère croissante.

Han blev mere humørsyg og snappede ad andre med voksende vrede.

Chaque nuit, il se rendait directement à son nid, attendant d'être nourri.

Hver nat gik han direkte til sin rede og ventede på at blive fodret.

Une fois tombé, Dave ne s'est pas relevé avant le matin.

Da han først var nede, stod Dave ikke op igen før om morgenen.

Sur les rênes, des secousses ou des sursauts brusques le faisaient crier de douleur.

På tøjlerne fik pludselige ryk eller start ham til at skrige af smerte.

Son chauffeur a recherché la cause du sinistre, mais n'a constaté aucune blessure.

Hans chauffør ledte efter årsagen, men fandt ingen skader på ham.

Tous les conducteurs ont commencé à regarder Dave et ont discuté de son cas.

Alle chaufførerne begyndte at holde øje med Dave og diskuterede hans sag.

Ils ont discuté pendant les repas et pendant leur dernière cigarette de la journée.

De talte sammen ved måltiderne og under dagens sidste rygning.

Une nuit, ils ont tenu une réunion et ont amené Dave au feu.

En aften holdt de et møde og bragte Dave hen til ilden.

Ils pressèrent et sondèrent son corps, et il cria souvent.

De pressede og undersøgte hans krop, og han græd ofte.

De toute évidence, quelque chose n'allait pas, même si aucun os ne semblait cassé.

Der var tydeligvis noget galt, selvom ingen knogler syntes at være brækkede.

Au moment où ils atteignirent Cassiar Bar, Dave était en train de tomber.

Da de nåede Cassiar Bar, var Dave ved at falde om.

Le métis écossais a appelé à la fin et a retiré Dave de l'équipe.

Den skotske halvblodsrace stoppede og fjernede Dave fra holdet.

Il a attaché Solleks à la place de Dave, le plus près de l'avant du traîneau.

Han fastgjorde Solleks på Daves plads, tættest på slædens forende.

Il avait l'intention de laisser Dave se reposer et courir librement derrière le traîneau en mouvement.

Han havde til hensigt at lade Dave hvile sig og løbe frit bag den bevægelige slæde.

Mais même malade, Dave détestait être privé du travail qu'il avait occupé.

Men selv da han var syg, hadede Dave at blive taget fra det job, han havde haft.

Il grogna et gémit tandis que les rênes étaient retirées de son corps.

Han knurrede og klynkede, da tøjlerne blev trukket fra hans krop.

Quand il vit Solleks à sa place, il pleura de douleur.

Da han så Solleks på sin plads, græd han af knust hjerte.

La fierté du travail sur les sentiers était profonde chez Dave, même à l'approche de la mort.

Stoltheden over arbejdet på stierne sad dybt i Dave, selv da døden nærmede sig.

Alors que le traîneau se déplaçait, Dave pataugeait dans la neige molle près du sentier.

Mens slæden bevægede sig, famlede Dave gennem den bløde sne nær stien.

Il a attaqué Solleks, le mordant et le poussant du côté du traîneau.

Han angreb Solleks, bed og skubbede ham fra slædens side.

Dave a essayé de sauter dans le harnais et de récupérer sa place de travail.

Dave forsøgte at hoppe i selen og generobre sin arbejdsplads.

Il hurlait, gémissait et pleurait, déchiré entre la douleur et la fierté du travail.

Han gøs, klynkede og græd, splittet mellem smerte og stolthed over arbejdet.

Le métis a utilisé son fouet pour essayer de chasser Dave de l'équipe.

Halvblodshunden brugte sin pisk til at forsøge at drive Dave væk fra holdet.

Mais Dave ignora le coup de fouet, et l'homme ne put pas le frapper plus fort.

Men Dave ignorerede piskeslaget, og manden kunne ikke slå ham hårdere.

Dave a refusé le chemin le plus facile derrière le traîneau, où la neige était tassée.

Dave afviste den nemmere sti bag slæden, hvor sneen var pakket sammen.

Au lieu de cela, il se débattait dans la neige profonde à côté du sentier, dans la misère.

I stedet kæmpede han i den dybe sne ved siden af stien, i elendighed.

Finalement, Dave s'est effondré, allongé dans la neige et hurlant de douleur.

Til sidst kollapsede Dave, liggende i sneen og hylede af smerte.

Il cria tandis que le long train de traîneaux le dépassait un par un.

Han råbte højt, da det lange tog af slæder passerede ham en efter en.

Pourtant, avec ce qu'il lui restait de force, il se leva et trébucha après eux.

Alligevel rejste han sig med den styrke, der var tilbage, og snublede efter dem.

Il l'a rattrapé lorsque le train s'est arrêté à nouveau et a retrouvé son vieux traîneau.

Han indhentede ham, da toget stoppede igen, og fandt sin gamle slæde.

Il a dépassé les autres équipes et s'est retrouvé à nouveau aux côtés de Solleks.

Han famlede forbi de andre hold og stod igen ved siden af Solleks.

Alors que le conducteur s'arrêtait pour allumer sa pipe, Dave saisit sa dernière chance.

Da chaufføren holdt pause for at tænde sin pibe, tog Dave sin sidste chance.

Lorsque le chauffeur est revenu et a crié, l'équipe n'a pas avancé.

Da chaufføren vendte tilbage og råbte, bevægede holdet sig ikke fremad.

Les chiens avaient tourné la tête, déconcertés par l'arrêt soudain.

Hundene havde vendt hovedet, forvirrede over den pludselige standsning.

Le conducteur était également choqué : le traîneau n'avait pas avancé d'un pouce.

Føreren var også chokeret – slæden var ikke rykket en tomme fremad.

Il a appelé les autres pour qu'ils viennent voir ce qui s'était passé.

Han råbte til de andre, at de skulle komme og se, hvad der var sket.

Dave avait mâché les rênes de Solleks, les brisant toutes les deux.

Dave havde tygget sig igennem Solleks' tøjler og brækket begge fra hinanden.

Il se tenait maintenant devant le traîneau, de retour à sa position légitime.

Nu stod han foran slæden, tilbage på sin rette plads.

Dave leva les yeux vers le conducteur, le suppliant silencieusement de rester dans les traces.

Dave kiggede op på chaufføren og tryglede lydløst om at blive i sporene.

Le conducteur était perplexe, ne sachant pas quoi faire pour le chien en difficulté.

Føreren var forvirret og usikker på, hvad han skulle gøre med den kæmpende hund.

Les autres hommes parlaient de chiens qui étaient morts après avoir été emmenés dehors.

De andre mænd talte om hunde, der var døde af at blive taget ud.

Ils ont parlé de chiens âgés ou blessés dont le cœur se brisait lorsqu'ils étaient abandonnés.

De fortalte om gamle eller tilskadekomne hunde, hvis hjerter knuste, når de blev efterladt.

Ils ont convenu que c'était une preuve de miséricorde de laisser Dave mourir alors qu'il était encore dans son harnais.

De var enige om, at det var barmhjertighed at lade Dave dø, mens han stadig var i sin sele.

Il était attaché au traîneau et Dave tirait avec fierté.

Han blev spændt tilbage på slæden, og Dave trak med stolthed.

Même s'il criait parfois, il travaillait comme si la douleur pouvait être ignorée.

Selvom han græd til tider, arbejdede han, som om smerte kunne ignoreres.

Plus d'une fois, il est tombé et a été traîné avant de se relever.

Mere end én gang faldt han og blev slæbt med, før han rejste sig igen.

Un jour, le traîneau l'a écrasé et il a boité à partir de ce moment-là.

Engang rullede slæden over ham, og han haltede fra det øjeblik.

Il travailla néanmoins jusqu'à ce qu'il atteigne le camp, puis s'allongea près du feu.

Alligevel arbejdede han, indtil han nåede lejren, og lå derefter ved bålet.

Le matin, Dave était trop faible pour voyager ou même se tenir debout.

Om morgenen var Dave for svag til at rejse eller endda stå oprejst.

Au moment de l'attelage, il essaya d'atteindre son conducteur avec un effort tremblant.

Da det var tid til at spænde bilen fast, forsøgte han med rystende anstrengelse at nå sin chauffør.

Il se força à se relever, tituba et s'effondra sur le sol enneigé.

Han tvang sig op, vaklede og kollapsede ned på den snedækkede jord.

À l'aide de ses pattes avant, il a traîné son corps vers la zone de harnais.

Ved hjælp af sine forben slæbte han sin krop hen mod seleområdet.

Il s'avança, pouce par pouce, vers les chiens de travail.

Han slæbte sig frem, tomme for tomme, mod arbejdshundene.

Ses forces l'abandonnèrent, mais il continua d'avancer dans sa dernière poussée désespérée.

Hans kræfter slap op, men han fortsatte i sit sidste desperate skub.

Ses coéquipiers l'ont vu haleter dans la neige, impatients de les rejoindre.

Hans holdkammerater så ham gispe i sneen, stadig længselsfuld efter at slutte sig til dem.

Ils l'entendirent hurler de tristesse alors qu'ils quittaient le camp.

De hørte ham hyle af sorg, da de forlod lejren.

Alors que l'équipe disparaissait dans les arbres, le cri de Dave résonna derrière eux.

Da holdet forsvandt ind i træerne, genlød Daves råb bag dem.

Le train de traîneaux s'est brièvement arrêté après avoir traversé un tronçon de forêt fluviale.

Slædetoget stoppede kort efter at have krydset en strækning med flodtømmer.

Le métis écossais retourna lentement vers le camp situé derrière lui.

Den skotske halvblodshund gik langsomt tilbage mod lejren bagved.

Les hommes ont arrêté de parler quand ils l'ont vu quitter le train de traîneaux.

Mændene holdt op med at tale, da de så ham forlade slædetoget.

Puis un coup de feu retentit clairement et distinctement de l'autre côté du sentier.

Så lød et enkelt skud klart og skarpt hen over stien.

L'homme revint rapidement et reprit sa place sans un mot.

Manden vendte hurtigt tilbage og indtog sin plads uden et ord.

Les fouets claquaient, les cloches tintaient et les traîneaux roulaient dans la neige.

Piske klang, klokker klang, og slæderne rullede videre gennem sneen.

Mais Buck savait ce qui s'était passé, et tous les autres chiens aussi.

Men Buck vidste, hvad der var sket – og det gjorde alle andre hunde også.

Le travail des rênes et du sentier
Tøjlernes og sporets slid

Trente jours après avoir quitté Dawson, le Salt Water Mail atteignit Skaguay.
Tredive dage efter at have forladt Dawson, nåede Salt Water Mail Skaguay.
Buck et ses coéquipiers ont pris la tête, arrivant dans un état pitoyable.
Buck og hans holdkammerater tog føringen og ankom i ynkelig forfatning.
Buck était passé de cent quarante à cent quinze livres.
Buck var tabt sig fra hundrede og fyrre til hundrede og femten pund.
Les autres chiens, bien que plus petits, avaient perdu encore plus de poids.
De andre hunde, selvom de var mindre, havde tabt endnu mere kropsvægt.
Pike, autrefois un faux boiteux, traînait désormais derrière lui une jambe véritablement blessée.
Pike, engang en falsk limper, slæbte nu et virkelig skadet ben bag sig.
Solleks boitait beaucoup et Dub avait une omoplate déchirée.
Solleks haltede voldsomt, og Dub havde et forvredet skulderblad.
Tous les chiens de l'équipe avaient mal aux pieds après des semaines passées sur le sentier gelé.
Alle hundene i holdet havde ondt i benene efter at have været på den frosne sti i flere uger.
Ils n'avaient plus aucun ressort dans leurs pas, seulement un mouvement lent et traînant.
De havde ingen fjeder tilbage i deres skridt, kun langsom, slæbende bevægelse.
Leurs pieds heurtent durement le sentier, chaque pas ajoutant plus de tension à leur corps.

Deres fødder rammer stien hårdt, og hvert skridt belaster deres kroppe mere.

Ils n'étaient pas malades, seulement épuisés au-delà de toute guérison naturelle.

De var ikke syge, kun udmattede til uforudsigelig naturlig helbredelse.

Ce n'était pas la fatigue d'une dure journée, guérie par une nuit de repos.

Dette var ikke træthed fra én hård dag, kureret med en nats søvn.

C'était un épuisement qui s'était construit lentement au fil de mois d'efforts épuisants.

Det var en udmattelse, der langsomt var opbygget gennem måneders opslidende indsats.

Il ne leur restait plus aucune force de réserve : ils avaient épuisé toutes leurs forces.

Der var ingen reservestyrke tilbage – de havde brugt alt, hvad de havde.

Chaque muscle, chaque fibre et chaque cellule de leur corps étaient épuisés et usés.

Hver en muskel, fiber og celle i deres kroppe var udmattet og slidt op.

Et il y avait une raison : ils avaient parcouru deux mille cinq cents kilomètres.

Og der var en grund – de havde tilbagelagt 2500 mil.

Ils ne s'étaient reposés que cinq jours au cours des mille huit cents derniers kilomètres.

De havde kun hvilet fem dage i løbet af de sidste atten hundrede mil.

Lorsqu'ils arrivèrent à Skaguay, ils semblaient à peine capables de se tenir debout.

Da de nåede Skaguay, så de knap nok ud til at kunne stå oprejst.

Ils ont lutté pour garder les rênes serrées et rester devant le traîneau.

De kæmpede med at holde tøjlerne stramme og holde sig foran slæden.

Dans les descentes, ils ont tout juste réussi à éviter d'être écrasés.

På nedkørsler undgik de kun at blive kørt over.

« Continuez, pauvres pieds endoloris », dit le chauffeur tandis qu'ils boitaient.

"Marchér videre, stakkels ømme fødder," sagde chaufføren, mens de haltede afsted.

« C'est la dernière ligne droite, après quoi nous aurons tous droit à un long repos, c'est sûr. »

"Dette er den sidste strækning, så får vi alle helt sikkert en lang pause."

« Un très long repos », promit-il en les regardant avancer en titubant.

"Én rigtig lang hvil," lovede han, mens han så dem vakle fremad.

Les pilotes s'attendaient à bénéficier d'une longue pause bien méritée.

Chaufførerne forventede, at de nu ville få en lang, tiltrængt pause.

Ils avaient parcouru douze cents milles avec seulement deux jours de repos.

De havde rejst tolv hundrede mil med kun to dages hvile.

Par souci d'équité et de raison, ils estimaient avoir mérité un temps de détente.

Af rimelighed og fornuft følte de, at de havde fortjent tid til at slappe af.

Mais trop de gens étaient venus au Klondike et trop peu étaient restés chez eux.

Men for mange var kommet til Klondike, og for få var blevet hjemme.

Les lettres des familles ont afflué, créant des piles de courrier en retard.

Breve fra familier strømmede ind og skabte bunker af forsinket post.

Les ordres officiels sont arrivés : de nouveaux chiens de la Baie d'Hudson allaient prendre le relais.

De officielle ordrer ankom – nye hunde fra Hudson Bay skulle overtage.

Les chiens épuisés, désormais considérés comme sans valeur, devaient être éliminés.

De udmattede hunde, nu kaldt værdiløse, skulle bortskaffes.

Comme l'argent comptait plus que les chiens, ils allaient être vendus à bas prix.

Da penge betød mere end hunde, skulle de sælges billigt.

Trois jours supplémentaires passèrent avant que les chiens ne ressentent à quel point ils étaient faibles.

Der gik yderligere tre dage, før hundene mærkede, hvor svage de var.

Le quatrième matin, deux hommes venus des États-Unis ont acheté toute l'équipe.

På den fjerde morgen købte to mænd fra staterne hele holdet.

La vente comprenait tous les chiens, ainsi que leur harnais usagé.

Salget omfattede alle hundene plus deres slidte seletøj.

Les hommes s'appelaient mutuellement « Hal » et « Charles » lorsqu'ils concluaient l'affaire.

Mændene kaldte hinanden "Hal" og "Charles", mens de fuldførte handlen.

Charles était d'âge moyen, pâle, avec des lèvres molles et des pointes de moustache féroces.

Charles var midaldrende, bleg, med slappe læber og vilde overskægsspidser.

Hal était un jeune homme, peut-être âgé de dix-neuf ans, portant une ceinture bourrée de cartouches.

Hal var en ung mand, måske nitten, iført et bælte fyldt med patroner.

La ceinture contenait un gros revolver et un couteau de chasse, tous deux inutilisés.

Bæltet indeholdt en stor revolver og en jagtkniv, begge ubrugte.

Cela a montré à quel point il était inexpérimenté et inapte à la vie dans le Nord.

Det viste, hvor uerfaren og uegnet han var til livet i nord.

Aucun des deux hommes n'appartenait à la nature sauvage ; leur présence défiait toute raison.

Ingen af mændene hørte hjemme i naturen; deres tilstedeværelse trodsede al fornuft.

Buck a regardé l'argent échanger des mains entre l'acheteur et l'agent.

Buck så til, mens penge udveksledes mellem køber og agent.

Il savait que les conducteurs du train postal allaient le quitter comme les autres.

Han vidste, at postlokomotivførerne forlod hans liv ligesom alle de andre.

Ils suivirent Perrault et François, désormais irrévocables.

De fulgte Perrault og François, som nu var uigenkaldeligt gamle.

Buck et l'équipe ont été conduits dans le camp négligé de leurs nouveaux propriétaires.

Buck og holdet blev ført til deres nye ejeres sjuskede lejr.

La tente s'affaissait, la vaisselle était sale et tout était en désordre.

Teltet hang, servicet var beskidt, og alt lå i uorden.

Buck remarqua également une femme : Mercedes, la femme de Charles et la sœur de Hal.

Buck bemærkede også en kvinde der – Mercedes, Charles' kone og Hals søster.

Ils formaient une famille complète, bien que loin d'être adaptée au sentier.

De udgjorde en komplet familie, dog langt fra egnet til ruten.

Buck regarda nerveusement le trio commencer à emballer les fournitures.

Buck så nervøst til, mens trioen begyndte at pakke forsyningerne.

Ils ont travaillé dur mais sans ordre, juste du grabuge et des efforts gaspillés.

De arbejdede hårdt, men uden orden – bare ståhej og spildt indsats.

La tente a été roulée dans une forme volumineuse, beaucoup trop grande pour le traîneau.

Teltet var rullet sammen til en klodset form, alt for stor til slæden.

La vaisselle sale a été emballée sans avoir été nettoyée ni séchée du tout.

Beskidt service blev pakket uden at være blevet rengjort eller tørret overhovedet.

Mercedes voltigeait, parlant constamment, corrigeant et intervenant.

Mercedes flagrede rundt, snakkede, rettede og blandede sig konstant.

Lorsqu'un sac était placé à l'avant, elle insistait pour qu'il soit placé à l'arrière.

Da en sæk blev placeret på forsiden, insisterede hun på, at den skulle på bagsiden.

Elle a mis le sac au fond, et l'instant d'après, elle en avait besoin.

Hun pakkede sækken i bunden, og i næste øjeblik havde hun brug for den.

Le traîneau a donc été déballé à nouveau pour atteindre le sac spécifique.

Så blev slæden pakket ud igen for at nå den ene specifikke taske.

À proximité, trois hommes se tenaient devant une tente, observant la scène se dérouler.

I nærheden stod tre mænd uden for et telt og så på, hvad der skete.

Ils souriaient, faisaient des clins d'œil et souriaient à la confusion évidente des nouveaux arrivants.

De smilede, blinkede og grinede ad de nyankomnes åbenlyse forvirring.

« Vous avez déjà une charge très lourde », dit l'un des hommes.

"Du har allerede en rigtig tung last," sagde en af mændene.

« Je ne pense pas que tu devrais porter cette tente, mais c'est ton choix. »

"Jeg synes ikke, du skal bære det telt, men det er dit valg."

« Inimaginable ! » s'écria Mercedes en levant les mains de désespoir.

"Udrømt!" udbrød Mercedes og slog hænderne i vejret i fortvivlelse.

« Comment pourrais-je voyager sans une tente sous laquelle dormir ? »

"Hvordan skulle jeg dog kunne rejse uden et telt at overnatte i?"

« C'est le printemps, vous ne verrez plus jamais de froid », répondit l'homme.

"Det er forår – du får ikke koldt vejr at se igen," svarede manden.

Mais elle secoua la tête et ils continuèrent à empiler des objets sur le traîneau.

Men hun rystede på hovedet, og de blev ved med at stable genstande på slæden.

La charge s'élevait dangereusement alors qu'ils ajoutaient les dernières choses.

Byrden tårnede sig faretruende højt, da de tilføjede de sidste ting.

« Tu penses que le traîneau va rouler ? » demanda l'un des hommes avec un regard sceptique.

"Tror du, at slæden kan køre?" spurgte en af mændene med et skeptisk blik.

« Pourquoi pas ? » rétorqua Charles, vivement agacé.

„Hvorfor skulle det ikke?" svarede Charles skarpt irriteret.

« Oh, ce n'est pas grave », dit rapidement l'homme, s'éloignant de l'offense.

"Åh, det er i orden," sagde manden hurtigt og bakkede væk fra fornærmelsen.

« Je me demandais juste – ça me semblait un peu trop lourd. »

"Jeg var bare nysgerrig – den så bare lidt for tung ud for mig."

Charles se détourna et attacha la charge du mieux qu'il put.

Charles vendte sig væk og bandt byrden fast så godt han kunne.

Mais les attaches étaient lâches et l'emballage mal fait dans l'ensemble.

Men surringerne var løse, og pakningen generelt dårligt udført.

« Bien sûr, les chiens tireront ça toute la journée », a dit un autre homme avec sarcasme.

"Jo, hundene vil trække i den hele dagen," sagde en anden mand sarkastisk.

« Bien sûr », répondit froidement Hal en saisissant le long mât du traîneau.

"Selvfølgelig," svarede Hal koldt og greb fat i slædens lange gee-stang.

D'une main sur le poteau, il faisait tournoyer le fouet dans l'autre.

Med den ene hånd på stangen svingede han pisken i den anden.

« Allons-y ! » cria-t-il. « Allez ! » exhortant les chiens à démarrer.

"Lad os gå!" råbte han. "Flyt dig!" og opfordrede hundene til at komme i gang.

Les chiens se sont penchés sur le harnais et ont tendu pendant quelques instants.

Hundene lænede sig ind i selen og anstrengte sig i et par øjeblikke.

Puis ils s'arrêtèrent, incapables de déplacer d'un pouce le traîneau surchargé.

Så stoppede de, ude af stand til at rokke den overlæssede slæde en centimeter.

« Ces brutes paresseuses ! » hurla Hal en levant le fouet pour les frapper.

"De dovne bøller!" råbte Hal og løftede pisken for at slå dem.

Mais Mercedes s'est précipitée et a saisi le fouet des mains de Hal.

Men Mercedes skyndte sig ind og greb pisken fra Hals hænder.

« Oh, Hal, n'ose pas leur faire de mal », s'écria-t-elle, alarmée.

"Åh, Hal, du må ikke vove at gøre dem fortræd," råbte hun forskrækket.

« Promets-moi que tu seras gentil avec eux, sinon je n'irai pas plus loin. »

"Lov mig, at du vil være god ved dem, ellers går jeg ikke et skridt videre."

« Tu ne connais rien aux chiens », lança Hal à sa sœur.

"Du ved ingenting om hunde," snerrede Hal ad sin søster.

« Ils sont paresseux, et la seule façon de les déplacer est de les fouetter. »

"De er dovne, og den eneste måde at flytte dem på er at piske dem."

« Demandez à n'importe qui, demandez à l'un de ces hommes là-bas si vous doutez de moi. »

"Spørg hvem som helst – spørg en af de mænd derovre, hvis du tvivler på mig."

Mercedes regarda les spectateurs avec des yeux suppliants et pleins de larmes.

Mercedes så på tilskuerne med bedende, tårevædede øjne.

Son visage montrait à quel point elle détestait la vue de la douleur.

Hendes ansigt viste, hvor dybt hun hadede synet af enhver form for smerte.

« Ils sont faibles, c'est tout », dit un homme. « Ils sont épuisés. »

"De er svage, det er det hele," sagde en mand. "De er udmattede."

« Ils ont besoin de repos, ils ont travaillé trop longtemps sans pause. »

"De har brug for hvile – de har arbejdet for længe uden pause."

« Que le repos soit maudit », murmura Hal, la lèvre retroussée.

"Forbandet være resten," mumlede Hal med sammenkrøllet læbe.

Mercedes haleta, clairement peinée par ce mot grossier de sa part.

Mercedes gispede, tydeligt forpint af hans grove ord.

Pourtant, elle est restée loyale et a immédiatement défendu son frère.

Alligevel forblev hun loyal og forsvarede straks sin bror.

« Ne fais pas attention à cet homme », dit-elle à Hal. « Ce sont nos chiens. »

"Du skal ikke bekymre dig om den mand," sagde hun til Hal. "De er vores hunde."

« Vous les conduisez comme bon vous semble, faites ce que vous pensez être juste. »

"Du kører dem, som du finder passende – gør, hvad du synes er rigtigt."

Hal leva le fouet et frappa à nouveau les chiens sans pitié.

Hal løftede pisken og slog hundene igen uden nåde.

Ils se sont précipités en avant, le corps bas, les pieds poussant dans la neige.

De sprang fremad, med kroppe sænket ned, fødderne presset ned i sneen.

Toutes leurs forces étaient utilisées pour tirer, mais le traîneau ne bougeait pas.

Al deres kraft gik i træk, men slæden bevægede sig ikke.

Le traîneau est resté coincé, comme une ancre figée dans la neige tassée.

Slæden sad fast, som et anker frosset fast i den pakket sne.

Après un deuxième effort, les chiens s'arrêtèrent à nouveau, haletants.

Efter en anden indsats stoppede hundene igen, gispende.

Hal leva à nouveau le fouet, juste au moment où Mercedes intervenait à nouveau.

Hal løftede pisken endnu engang, lige da Mercedes blandede sig igen.

Elle tomba à genoux devant Buck et lui serra le cou.

Hun faldt på knæ foran Buck og omfavnede hans hals.

Les larmes lui montèrent aux yeux tandis qu'elle suppliait le chien épuisé.

Tårer fyldte hendes øjne, mens hun tryglede den udmattede hund.

« Pauvres chéris », dit-elle, « pourquoi ne tirez-vous pas plus fort ? »

"I stakkels kære," sagde hun, "hvorfor trækker I ikke bare hårdere?"

« Si tu tires, tu ne seras pas fouetté comme ça. »

"Hvis du trækker, så bliver du ikke pisket sådan her."

Buck n'aimait pas Mercedes, mais il était trop fatigué pour lui résister maintenant.

Buck kunne ikke lide Mercedes, men han var for træt til at modsætte sig hende nu.

Il accepta ses larmes comme une simple partie de cette journée misérable.

Han accepterede hendes tårer som blot endnu en del af den elendige dag.

L'un des hommes qui regardaient a finalement parlé après avoir retenu sa colère.

En af de tilskuende mænd talte endelig efter at have holdt sin vrede tilbage.

« Je me fiche de ce qui vous arrive, mais ces chiens comptent. »

"Jeg er ligeglad med, hvad der sker med jer, men de hunde betyder noget."

« Si vous voulez aider, détachez ce traîneau, il est gelé dans la neige. »

"Hvis du vil hjælpe, så bræk den slæde løs – den er frosset fast i sneen."

« Appuyez fort sur la perche, à droite et à gauche, et brisez le sceau de glace. »

"Tryk hårdt på isstangen, til højre og venstre, og bryd isforseglingen."

Une troisième tentative a été faite, cette fois-ci suite à la suggestion de l'homme.

Et tredje forsøg blev gjort, denne gang efter mandens forslag.

Hal a balancé le traîneau d'un côté à l'autre, libérant les patins.

Hal rokkede slæden fra side til side, så mederne fik løs.

Le traîneau, bien que surchargé et maladroit, a finalement
fait un bond en avant.

Slæden, selvom den var overlæsset og klodset, bevægede sig
endelig fremad.

Buck et les autres tiraient sauvagement, poussés par une
tempête de coups de fouet.

Buck og de andre trak vildt tilbage, drevet af en storm af
piskesmæld.

Une centaine de mètres plus loin, le sentier courbait et
descendait en pente dans la rue.

Hundrede meter fremme snoede stien sig og skrånede ned i
gaden.

Il aurait fallu un conducteur expérimenté pour maintenir le
traîneau droit.

Det ville have krævet en dygtig kusk at holde slæden oprejst.

Hal n'était pas habile et le traîneau a basculé en tournant
dans le virage.

Hal var ikke dygtig, og slæden vippede, da den svingede
rundt om svinget.

Les sangles lâches ont cédé et la moitié de la charge s'est
répandue sur la neige.

Løse surringer gav efter, og halvdelen af lasten spildtes ud på
sneen.

Les chiens ne s'arrêtèrent pas ; le traîneau le plus léger volait
sur le côté.

Hundene stoppede ikke; den lettere slæde fløj afsted på siden.

En colère à cause des mauvais traitements et du lourd
fardeau, les chiens couraient plus vite.

Vrede over mishandling og den tunge byrde løb hundene
hurtigere.

Buck, furieux, s'est mis à courir, suivi par l'équipe.

Buck, i raseri, begyndte at løb, med holdet i hælene.

Hal a crié « Whoa ! Whoa ! » mais l'équipe ne lui a pas prêté
attention.

Hal råbte "Whoa! Whoa!" men holdet lagde ikke mærke til
ham.

Il a trébuché, est tombé et a été traîné au sol par le harnais.

Han snublede, faldt og blev slæbt hen over jorden af selen.

Le traîneau renversé l'a heurté tandis que les chiens couraient devant.

Den væltede slæde stødte ind over ham, mens hundene løb videre.

Le reste des fournitures est dispersé dans la rue animée de Skaguay.

Resten af forsyningerne spredte sig over Skaguays travle gade.

Des personnes au grand cœur se sont précipitées pour arrêter les chiens et rassembler le matériel.

Venlige mennesker skyndte sig at stoppe hundene og samle udstyret.

Ils ont également donné des conseils, directs et pratiques, aux nouveaux voyageurs.

De gav også råd, direkte og praktiske, til de nye rejsende.

« Si vous voulez atteindre Dawson, prenez la moitié du chargement et doublez les chiens. »

"Hvis du vil nå Dawson, så tag halvdelen af læsset og fordobl antallet af hunde."

Hal, Charles et Mercedes écoutaient, mais sans enthousiasme.

Hal, Charles og Mercedes lyttede, dog ikke med entusiasme.

Ils ont installé leur tente et ont commencé à trier leurs provisions.

De slog deres telt op og begyndte at sortere deres forsyninger.

Des conserves sont sorties, ce qui a fait rire les spectateurs.

Ud kom dåsevarer, hvilket fik tilskuerne til at grine højt.

« Des conserves sur le sentier ? Tu vas mourir de faim avant qu'elles ne fondent », a dit l'un d'eux.

"Dåsesager på stien? Du kommer til at sulte, før det smelter," sagde en af dem.

« Des couvertures d'hôtel ? Tu ferais mieux de toutes les jeter. »

"Hoteltæpper? Du er bedre tjent med at smide dem alle ud."

« Laissez tomber la tente aussi, et personne ne fait la vaisselle ici. »

"Smid også teltet væk, og så vasker ingen op her."

« Tu crois que tu voyages dans un train Pullman avec des domestiques à bord ? »

"Tror du, du kører med et Pullman-tog med tjenere om bord?"

Le processus a commencé : chaque objet inutile a été jeté de côté.

Processen begyndte – alle ubrugelige genstande blev smidt til side.

Mercedes a pleuré lorsque ses sacs ont été vidés sur le sol enneigé.

Mercedes græd, da hendes tasker blev tømt ud på den snedækkede jord.

Elle sanglotait sur chaque objet jeté, un par un, sans pause.

Hun hulkede over hver eneste genstand, der blev smidt ud, en efter en, uden pause.

Elle jura de ne plus faire un pas de plus, même pas pendant dix Charles.

Hun svor ikke at gå et skridt mere – ikke engang for ti Karle.

Elle a supplié chaque personne à proximité de la laisser garder ses objets précieux.

Hun tryglede alle i nærheden om at lade hende beholde sine dyrebare ting.

Finalement, elle s'essuya les yeux et commença à jeter même les vêtements essentiels.

Endelig tørrede hun øjnene og begyndte at kaste selv det vigtigste tøj.

Une fois les siennes terminées, elle commença à vider les provisions des hommes.

Da hun var færdig med sine egne, begyndte hun at tømme mændenes forsyninger.

Comme un tourbillon, elle a déchiré les affaires de Charles et Hal.

Som en hvirvelvind rev hun sig igennem Charles og Hals ejendele.

Même si la charge était réduite de moitié, elle était encore bien plus lourde que nécessaire.

Selvom belastningen blev halveret, var den stadig langt tungere end nødvendigt.

Cette nuit-là, Charles et Hal sont sortis et ont acheté six nouveaux chiens.

Den aften gik Charles og Hal ud og købte seks nye hunde.

Ces nouveaux chiens ont rejoint les six originaux, plus Teek et Koona.

Disse nye hunde sluttede sig til de oprindelige seks, plus Teek og Koona.

Ensemble, ils formaient une équipe de quatorze chiens attelés au traîneau.

Sammen udgjorde de et spand på fjorten hunde spændt for slæden.

Mais les nouveaux chiens n'étaient pas aptes et mal entraînés au travail en traîneau.

Men de nye hunde var uegnede og dårligt trænede til slædearbejde.

Trois des chiens étaient des pointeurs à poil court et un était un Terre-Neuve.

Tre af hundene var korthårede pointere, og en var en newfoundlænder.

Les deux derniers chiens étaient des bâtards sans race ni objectif clairement définis.

De to sidste hunde var mutts uden nogen klar race eller formål overhovedet.

Ils n'ont pas compris le sentier et ne l'ont pas appris rapidement.

De forstod ikke ruten, og de lærte den ikke hurtigt.

Buck et ses compagnons les regardaient avec mépris et une profonde irritation.

Buck og hans venner så på dem med hån og dyb irritation.

Bien que Buck leur ait appris ce qu'il ne fallait pas faire, il ne pouvait pas leur enseigner le devoir.

Selvom Buck lærte dem, hvad de ikke skulle gøre, kunne han ikke lære dem pligt.

Ils n'ont pas bien supporté la vie sur les sentiers ni la traction des rênes et des traîneaux.

De trivedes ikke med livet på vandrestier eller trækket i tøjler og slæder.

Seuls les bâtards essayaient de s'adapter, et même eux manquaient d'esprit combatif.

Kun blandingsdyrene forsøgte at tilpasse sig, og selv de manglede kampgejst.

Les autres chiens étaient confus, affaiblis et brisés par leur nouvelle vie.

De andre hunde var forvirrede, svækkede og knuste af deres nye liv.

Les nouveaux chiens étant désemparés et les anciens épuisés, l'espoir était mince.

Med de nye hunde uvidende og de gamle udmattede, var håbet tyndt.

L'équipe de Buck avait parcouru deux mille cinq cents kilomètres de sentiers difficiles.

Bucks hold havde tilbagelagt 2500 kilometer ujævn sti.

Pourtant, les deux hommes étaient joyeux et fiers de leur grande équipe de chiens.

Alligevel var de to mænd muntre og stolte af deres store hundespand.

Ils pensaient voyager avec style, avec quatorze chiens attelés.

De troede, de rejste med stil, med fjorten hunde spændt.

Ils avaient vu des traîneaux partir pour Dawson, et d'autres en arriver.

De havde set slæder afgå til Dawson, og andre ankomme derfra.

Mais ils n'en avaient jamais vu un tiré par quatorze chiens.

Men aldrig havde de set en trukket af så mange som fjorten hunde.

Il y avait une raison pour laquelle de telles équipes étaient rares dans la nature sauvage de l'Arctique.

Der var en grund til, at sådanne hold var sjældne i den arktiske vildmark.

Aucun traîneau ne pouvait transporter suffisamment de nourriture pour nourrir quatorze chiens pendant le voyage.

Ingen slæde kunne bære nok mad til at brødføde fjorten hunde på turen.

Mais Charles et Hal ne le savaient pas : ils avaient fait le calcul.

Men det vidste Charles og Hal ikke – de havde regnet det ud.

Ils ont planifié la nourriture : tant par chien, tant de jours, et c'est fait.

De skrev maden ned med blyant: så meget pr. hund, så mange dage, færdig.

Mercedes regarda leurs chiffres et hocha la tête comme si cela avait du sens.

Mercedes kiggede på deres tal og nikkede, som om det gav mening.

Tout cela lui semblait très simple, du moins sur le papier.

Det virkede alt sammen meget simpelt for hende, i hvert fald på papiret.

Le lendemain matin, Buck conduisit lentement l'équipe dans la rue enneigée.

Næste morgen førte Buck langsomt holdet op ad den snedækkede gade.

Il n'y avait aucune énergie ni aucun esprit en lui ou chez les chiens derrière lui.

Der var ingen energi eller gejst i ham eller hundene bag ham.

Ils étaient épuisés dès le départ, il n'y avait plus de réserve.

De var dødtrætte fra starten – der var ingen reserve tilbage.

Buck avait déjà effectué quatre voyages entre Salt Water et Dawson.

Buck havde allerede foretaget fire ture mellem Salt Water og Dawson.

Maintenant, confronté à nouveau à la même épreuve, il ne ressentait que de l'amertume.

Nu, konfronteret med det samme spor igen, følte han intet andet end bitterhed.

Son cœur n'y était pas, ni celui des autres chiens.

Hans hjerte var ikke med i det, og det var de andre hundes hjerter heller ikke.

Les nouveaux chiens étaient timides et les huskies manquaient totalement de confiance.

De nye hunde var sky, og huskyerne manglede al tillid.

Buck sentait qu'il ne pouvait pas compter sur ces deux hommes ou sur leur sœur.

Buck fornemmede, at han ikke kunne stole på disse to mænd eller deres søster.

Ils ne savaient rien et ne montraient aucun signe d'apprentissage sur le sentier.

De vidste ingenting og viste ingen tegn på at lære undervejs.

Ils étaient désorganisés et manquaient de tout sens de la discipline.

De var uorganiserede og manglede enhver form for disciplin.

Il leur fallait à chaque fois la moitié de la nuit pour monter un campement bâclé.

Det tog dem en halv nat at slå en sjusket lejr op hver gang.

Et ils passèrent la moitié de la matinée suivante à tâtonner à nouveau avec le traîneau.

Og halvdelen af den næste morgen tilbragte de med at fumle med slæden igen.

À midi, ils s'arrêtaient souvent juste pour réparer la charge inégale.

Ved middagstid stoppede de ofte bare for at ordne den ujævne last.

Certains jours, ils parcouraient moins de dix milles au total.

På nogle dage rejste de mindre end ti kilometer i alt.

D'autres jours, ils ne parvenaient pas du tout à quitter le camp.

Andre dage lykkedes det dem slet ikke at forlade lejren.

Ils n'ont jamais réussi à couvrir la distance alimentaire prévue.

De kom aldrig i nærheden af at tilbagelægge den planlagte afstand mellem fødevarer.

Comme prévu, ils ont très vite manqué de nourriture pour les chiens.

Som forventet løb de meget hurtigt tør for mad til hundene.

Ils ont aggravé la situation en les suralimentant au début.

De forværrede tingene ved at overfodre i de tidlige dage.

À chaque ration négligée, la famine se rapprochait.

Dette bragte sulten nærmere med hver skødesløs rationering.

Les nouveaux chiens n'avaient pas appris à survivre avec très peu.

De nye hunde havde ikke lært at overleve på meget lidt.

Ils mangeaient avec faim, avec un appétit trop grand pour le sentier.

De spiste sultne, med en appetit der var for stor til ruten.

Voyant les chiens s'affaiblir, Hal pensait que la nourriture n'était pas suffisante.

Da Hal så hundene blive svagere, mente han, at maden ikke var nok.

Il a doublé les rations, rendant l'erreur encore pire.

Han fordoblede rationerne, hvilket gjorde fejlen endnu værre.

Mercedes a aggravé le problème avec ses larmes et ses douces supplications.

Mercedes forværrede problemet med tårer og sagte bønfaldelser.

Comme elle n'arrivait pas à convaincre Hal, elle nourrissait les chiens en secret.

Da hun ikke kunne overbevise Hal, fodrede hun hundene i hemmelighed.

Elle a volé des sacs de poissons et les leur a donnés dans son dos.

Hun stjal fra fiskesækkene og gav det til dem bag hans ryg.

Mais ce dont les chiens avaient réellement besoin, ce n'était pas de plus de nourriture, mais de repos.

Men det hundene virkelig havde brug for, var ikke mere mad – det var hvile.

Ils progressaient mal, mais le lourd traîneau continuait à avancer.

De havde dårlig tid, men den tunge slæde slæbte stadig ud.

Ce poids à lui seul épuisait chaque jour leurs forces restantes.

Alene den vægt drænede deres resterende styrke hver dag.

Puis vint l'étape de la sous-alimentation, les réserves s'épuisant.

Så kom stadiet med underfodring, da forsyningerne slap op.

Un matin, Hal s'est rendu compte que la moitié de la nourriture pour chien avait déjà disparu.

En morgen indså Hal, at halvdelen af hundefoderet allerede var væk.

Ils n'avaient parcouru qu'un quart de la distance totale du sentier.

De havde kun tilbagelagt en fjerdedel af den samlede distance på ruten.

On ne pouvait plus acheter de nourriture, quel que soit le prix proposé.

Der kunne ikke købes mere mad, uanset hvilken pris der blev tilbudt.

Il a réduit les portions des chiens en dessous de la ration quotidienne standard.

Han reducerede hundenes portioner til under den daglige standardration.

Dans le même temps, il a exigé des voyages plus longs pour compenser la perte.

Samtidig krævede han længere rejsetid for at kompensere for tabet.

Mercedes et Charles ont soutenu ce plan, mais ont échoué dans son exécution.

Mercedes og Charles støttede denne plan, men den mislykkedes i udførelsen.

Leur lourd traîneau et leur manque de compétences rendaient la progression presque impossible.

Deres tunge slæde og mangel på færdigheder gjorde fremskridt næsten umuligt.

Il était facile de donner moins de nourriture, mais impossible de forcer plus d'efforts.

Det var nemt at give mindre mad, men umuligt at tvinge frem mere.

Ils ne pouvaient pas commencer plus tôt, ni voyager pendant des heures supplémentaires.

De kunne ikke starte tidligt, og de kunne heller ikke rejse i ekstra timer.

Ils ne savaient pas comment travailler les chiens, ni eux-mêmes d'ailleurs.

De vidste ikke, hvordan man skulle arbejde med hundene, og heller ikke sig selv for den sags skyld.

Le premier chien à mourir était Dub, le voleur malchanceux mais travailleur.

Den første hund, der døde, var Dub, den uheldige, men hårdtarbejdende tyv.

Bien que souvent puni, Dub avait fait sa part sans se plaindre.

Selvom Dub ofte blev straffet, havde han klaret sin del uden at klage.

Son épaule blessée s'est aggravée sans qu'il soit nécessaire de prendre soin de lui et de se reposer.

Hans skadede skulder blev værre uden pleje eller behov for hvile.

Finalement, Hal a utilisé le revolver pour mettre fin aux souffrances de Dub.

Endelig brugte Hal revolveren til at afslutte Dubs lidelse.

Un dicton courant dit que les chiens normaux meurent à cause des rations de husky.

Et almindeligt ordsprog hævdede, at normale hunde dør af husky-rationer.

Les six nouveaux compagnons de Buck n'avaient que la moitié de la part de nourriture du husky.

Bucks seks nye ledsagere fik kun halvdelen af huskyens andel af mad.

Le Terre-Neuve est mort en premier, puis les trois braques à poil court.

Newfoundlænderen døde først, derefter de tre korthårede pointerhunde.

Les deux bâtards résistèrent plus longtemps mais finirent par périr comme les autres.

De to blandingsdyr holdt ud længere, men omkom til sidst ligesom de andre.

À cette époque, toutes les commodités et la douceur du Southland avaient disparu.

På dette tidspunkt var alle Sydlandets bekvemmeligheder og blidhed væk.

Les trois personnes avaient perdu les dernières traces de leur éducation civilisée.

De tre mennesker havde lagt de sidste spor af deres civiliserede opvækst fra sig.

Dépouillé de glamour et de romantisme, le voyage dans l'Arctique est devenu brutalement réel.

Strippet for glamour og romantik blev arktiske rejser brutalt virkelige.

C'était une réalité trop dure pour leur sens de la virilité et de la féminité.

Det var en virkelighed, der var for hård for deres sans for mandighed og kvindelighed.

Mercedes ne pleurait plus pour les chiens, mais maintenant elle pleurait seulement pour elle-même.

Mercedes græd ikke længere over hundene, men nu kun over sig selv.

Elle passait son temps à pleurer et à se disputer avec Hal et Charles.

Hun brugte sin tid på at græde og skændes med Hal og Charles.

Se disputer était la seule chose qu'ils n'étaient jamais trop fatigués de faire.

At skændes var det eneste, de aldrig var for trætte til at gøre.

Leur irritabilité provenait de la misère, grandissait avec elle et la surpassait.

Deres irritabilitet kom fra elendighed, voksede med den og overgik den.

La patience du sentier, connue de ceux qui peinent et souffrent avec bienveillance, n'est jamais venue.

Stiens tålmodighed, kendt af dem, der slider og lider venligt, kom aldrig.

Cette patience, qui garde la parole douce malgré la douleur, leur était inconnue.

Den tålmodighed, som holder talen sød gennem smerte, var ukendt for dem.

Ils n'avaient aucune trace de patience, aucune force tirée de la souffrance avec grâce.

De havde ingen antydning af tålmodighed, ingen styrke hentet fra lidelse med nåde.

Ils étaient raides de douleur : leurs muscles, leurs os et leur cœur étaient douloureux.

De var stive af smerter – de havde smerter i muskler, knogler og hjerter.

À cause de cela, ils devinrent acerbes et prompts à prononcer des paroles dures.

På grund af dette blev de skarpe i tungen og hurtige til hårde ord.

Chaque jour commençait et se terminait par des voix en colère et des plaintes amères.

Hver dag begyndte og sluttede med vrede stemmer og bitre klager.

Charles et Hal se disputaient chaque fois que Mercedes leur en donnait l'occasion.

Charles og Hal skændtes, hver gang Mercedes gav dem en chance.

Chaque homme estimait avoir fait plus que sa juste part du travail.

Hver mand mente, at han udførte mere end sin rimelige andel af arbejdet.

Aucun des deux n'a jamais manqué une occasion de le dire, encore et encore.

Ingen af dem gik nogensinde glip af en chance for at sige det igen og igen.

Parfois, Mercedes se rangeait du côté de Charles, parfois du côté de Hal.

Nogle gange tog Mercedes parti for Charles, andre gange for Hal.

Cela a conduit à une grande et interminable querelle entre les trois.

Dette førte til et stort og endeløst skænderi mellem de tre.

Une dispute sur la question de savoir qui devait couper le bois de chauffage est devenue incontrôlable.

En strid om, hvem der skulle hugge brænde, voksede ud af kontrol.

Bientôt, les pères, les mères, les cousins et les parents décédés ont été nommés.

Snart blev fædre, mødre, fætre og kusiner og afdøde slægtninge navngivet.

Les opinions de Hal sur l'art ou les pièces de son oncle sont devenues partie intégrante du combat.

Hals synspunkter på kunst eller hans onkels skuespil blev en del af kampen.

Les convictions politiques de Charles sont également entrées dans le débat.

Charles' politiske overbevisninger kom også ind i debatten.

Pour Mercedes, même les ragots de la sœur de son mari semblaient pertinents.

For Mercedes virkede selv hendes mands søsters sladder relevant.

Elle a exprimé son opinion sur ce sujet et sur de nombreux défauts de la famille de Charles.

Hun luftede meninger om det og om mange af Charles' families fejl.

Pendant qu'ils se disputaient, le feu restait éteint et le camp à moitié monté.

Mens de skændtes, forblev bålet slukket, og lejren var halvt optændt.

Pendant ce temps, les chiens restaient froids et sans nourriture.

I mellemtiden forblev hundene kolde og uden mad.

Mercedes avait un grief qu'elle considérait comme profondément personnel.

Mercedes havde en klage, hun anså for at være dybt personlig.

Elle se sentait maltraitée en tant que femme, privée de ses doux privilèges.

Hun følte sig mishandlet som kvinde, nægtet sine blide privilegier.

Elle était jolie et douce, et habituée à la chevalerie toute sa vie.

Hun var smuk og blød, og hun var vant til ridderlighed hele sit liv.

Mais son mari et son frère la traitaient désormais avec impatience.

Men hendes mand og bror behandlede hende nu med utålmodighed.

Elle avait pour habitude d'agir comme si elle était impuissante, et ils commencèrent à se plaindre.

Hendes vane var at opføre sig hjælpeløst, og de begyndte at klage.

Offensée par cela, elle leur rendit la vie encore plus difficile.

Fornærmet over dette gjorde hun deres liv endnu vanskeligere.

Elle a ignoré les chiens et a insisté pour conduire elle-même le traîneau.

Hun ignorerede hundene og insisterede på at køre på slæden selv.

Bien que légère en apparence, elle pesait cent vingt livres.

Selvom hun var let af udseende, vejede hun 45 kg.

Ce fardeau supplémentaire était trop lourd pour les chiens affamés et faibles.

Den ekstra byrde var for meget for de sultende, svage hunde.

Elle a continué à monter pendant des jours, jusqu'à ce que les chiens s'effondrent sous les rênes.

Alligevel red hun i dagevis, indtil hundene kollapsede i tøjlerne.

Le traîneau s'arrêta et Charles et Hal la supplièrent de marcher.

Slæden stod stille, og Charles og Hal tryglede hende om at gå.

Ils la supplièrent et la supplièrent, mais elle pleura et les traita de cruels.

De tryglede og tryglede, men hun græd og kaldte dem grusomme.

À une occasion, ils l'ont tirée du traîneau avec force et colère.

Ved en lejlighed trak de hende af slæden med ren kraft og vrede.

Ils n'ont plus jamais essayé après ce qui s'est passé cette fois-là.

De prøvede aldrig igen efter det, der skete dengang.

Elle devint molle comme un enfant gâté et s'assit dans la neige.

Hun haltede som et forkælet barn og satte sig i sneen.

Ils continuèrent leur chemin, mais elle refusa de se lever ou de les suivre.

De gik videre, men hun nægtede at rejse sig eller følge efter.

Après trois milles, ils s'arrêtèrent, revinrent et la ramenèrent.

Efter tre kilometer stoppede de, vendte tilbage og bar hende tilbage.

Ils l'ont rechargée sur le traîneau, en utilisant encore une fois la force brute.

De lastede hende igen på slæden, igen med rå styrke.

Dans leur profonde misère, ils étaient insensibles à la souffrance des chiens.

I deres dybe elendighed var de ufølsomme over for hundenes lidelse.

Hal croyait qu'il fallait s'endurcir et il a imposé cette croyance aux autres.

Hal mente, at man skal forhærdes, og påtvang andre den overbevisning.

Il a d'abord essayé de prêcher sa philosophie à sa sœur

Han forsøgte først at prædike sin filosofi til sin søster

et puis, sans succès, il prêcha à son beau-frère.

og så prædikede han uden held for sin svoger.

Il a eu plus de succès avec les chiens, mais seulement parce qu'il leur a fait du mal.

Han havde mere succes med hundene, men kun fordi han gjorde dem fortræd.

Chez Five Fingers, la nourriture pour chiens est complètement épuisée.

Hos Five Fingers løb hundefoderet helt tør for mad.

Une vieille squaw édentée a vendu quelques kilos de peau de cheval congelée

En tandløs gammel squat solgte et par pund frossen
hesteskind

Hal a échangé son revolver contre la peau de cheval séchée.

Hal byttede sin revolver for det tørrede hesteskind.

**La viande provenait de chevaux affamés d'éleveurs de bétail
des mois auparavant.**

Kødet var kommet fra udsultede heste eller kvægavlere
måneder tidligere.

**Gelée, la peau était comme du fer galvanisé ; dure et
immangeable.**

Frossen var huden som galvaniseret jern; sej og uspiselig.

Les chiens devaient mâcher la peau sans fin pour la manger.

Hundene måtte tygge uendeligt på skindet for at spise det.

**Mais les cordes en cuir et les cheveux courts n'étaient guère
une nourriture.**

Men de læderagtige strenge og det korte hår var næppe
næring.

**La majeure partie de la peau était irritante et ne constituait
pas véritablement de la nourriture.**

Det meste af huden var irriterende, og ikke mad i nogen
egentlig forstand.

**Et pendant tout ce temps, Buck titubait en tête, comme dans
un cauchemar.**

Og gennem det hele vaklede Buck forrest, som i et mareridt.

**Il tirait quand il le pouvait ; quand il ne le pouvait pas, il
restait allongé jusqu'à ce qu'un fouet ou un gourdin le
relève.**

Han trak, når han kunne; når han ikke kunne, lå han, indtil
pisk eller kølle løftede ham.

**Son pelage fin et brillant avait perdu toute sa rigidité et son
éclat d'autrefois.**

Hans fine, skinnende pels havde mistet al den stivhed og
glans, den engang havde.

**Ses cheveux pendaient, mous, en bataille et coagulés par le
sang séché des coups.**

Hans hår hang slapt, slæbt og klumpet af indtørret blod fra
slagene.

Ses muscles se sont réduits à l'état de cordes et ses coussinets de chair étaient tous usés.

Hans muskler skrumpede ind til strenge, og hans kødpuder var alle slidt væk.

Chaque côte, chaque os apparaissait clairement à travers les plis de la peau ridée.

Hvert ribben, hver knogle viste sig tydeligt gennem folder af rynket hud.

C'était déchirant, mais le cœur de Buck ne pouvait pas se briser.

Det var hjerteskærende, men Bucks hjerte kunne ikke knuses.

L'homme au pull rouge avait testé cela et l'avait prouvé il y a longtemps.

Manden i den røde sweater havde testet det og bevist det for længe siden.

Comme ce fut le cas pour Buck, ce fut le cas pour tous ses coéquipiers restants.

Som det var med Buck, sådan var det også med alle hans resterende holdkammerater.

Il y en avait sept au total, chacun étant un squelette ambulant de misère.

Der var syv i alt, hver af dem et vandrende skelet af elendighed.

Ils étaient devenus insensibles au fouet, ne ressentant qu'une douleur lointaine.

De var blevet følelsesløse til at piske og følte kun fjern smerte.

Même la vue et le son leur parvenaient faiblement, comme à travers un épais brouillard.

Selv syn og lyd nåede dem svagt, som gennem en tæt tåge.

Ils n'étaient pas à moitié vivants : c'étaient des os avec de faibles étincelles à l'intérieur.

De var ikke halvt levende – de var knogler med svage gnister indeni.

Lorsqu'ils s'arrêtèrent, ils s'effondrèrent comme des cadavres, leurs étincelles presque éteintes.

Da de stoppede, kollapsede de som lig, deres gnister næsten ude.

Et lorsque le fouet ou le gourdin frappaient à nouveau, les étincelles voltigeaient faiblement.

Og når pisken eller køllen slog igen, blafrede gnisterne svagt.

Puis ils se levèrent, titubèrent en avant et traînèrent leurs membres en avant.

Så rejste de sig, vaklede fremad og slæbte deres lemmer frem.

Un jour, le gentil Billee tomba et ne put plus se relever du tout.

En dag faldt den venlige Billee og kunne slet ikke rejse sig længere.

Hal avait échangé son revolver, alors il a utilisé une hache pour tuer Billee à la place.

Hal havde byttet sin revolver, så han brugte en økse til at dræbe Billee i stedet.

Il le frappa à la tête, puis lui coupa le corps et le traîna.

Han slog ham i hovedet, skar derefter hans krop fri og slæbte den væk.

Buck vit cela, et les autres aussi ; ils savaient que la mort était proche.

Buck så dette, og det gjorde de andre også; de vidste, at døden var nær.

Le lendemain, Koona partit, ne laissant que cinq chiens dans l'équipe affamée.

Næste dag tog Koona afsted og efterlod kun fem hunde i det sultende hold.

Joe, qui n'était plus méchant, était trop loin pour se rendre compte de quoi que ce soit.

Joe, der ikke længere var ond, var for langt væk til overhovedet at være opmærksom på ret meget.

Pike, ne faisant plus semblant d'être blessé, était à peine conscient.

Pike, der ikke længere foregav sin skade, var knap nok ved bevidsthed.

Solleks, toujours fidèle, se lamentait de ne plus avoir de force à donner.

Solleks, stadig trofast, sørgede over, at han ikke havde nogen styrke at give.

Teek a été le plus battu parce qu'il était plus frais, mais qu'il s'estompait rapidement.

Teek blev mest slået fordi han var friskere, men falmede hurtigt.

Et Buck, toujours en tête, ne maintenait plus l'ordre ni ne le faisait respecter.

Og Buck, der stadig var i føringen, holdt ikke længere orden eller håndhævede den.

À moitié aveugle à cause de sa faiblesse, Buck suivit la piste au toucher seul.

Halvblind af svaghed fulgte Buck sporet alene ved at føle.

C'était un beau temps printanier, mais aucun d'entre eux ne l'a remarqué.

Det var smukt forårsvejr, men ingen af dem bemærkede det.

Chaque jour, le soleil se levait plus tôt et se couchait plus tard qu'avant.

Hver dag stod solen op tidligere og gik ned senere end før.

À trois heures du matin, l'aube était arrivée ; le crépuscule durait jusqu'à neuf heures.

Klokken tre om morgenen var det daggry, og tusmørket varede til klokken ni.

Les longues journées étaient remplies du plein soleil printanier.

De lange dage var fyldt med det fulde strålende forårssolskin.

Le silence fantomatique de l'hiver s'était transformé en un murmure chaleureux.

Vinterens spøgelsesagtige stilhed var forvandlet til en varm mumlen.

Toute la terre s'éveillait, animée par la joie des êtres vivants.

Hele landet vågnede, levende med glæden ved levende ting.

Le bruit provenait de ce qui était resté mort et immobile pendant l'hiver.

Lyden kom fra det, der havde ligget dødt og stille gennem vinteren.

Maintenant, ces choses bougeaient à nouveau, secouant le long sommeil de gel.

Nu bevægede disse ting sig igen og rystede den lange frostsøvn af sig.

La sève montait à travers les troncs sombres des pins en attente.

Saften steg op gennem de mørke stammer af de ventende fyrretræer.

Les saules et les trembles font apparaître de jeunes bourgeons brillants sur chaque brindille.

Piletræer og asper springer klare, unge knopper ud på hver kvist.

Les arbustes et les vignes se parent d'un vert frais tandis que les bois prennent vie.

Buske og vinstokke fik frisk grønt, da skoven vågnede til live.

Les grillons chantaient la nuit et les insectes rampaient au soleil.

Fårekyllinger kvidrede om natten, og insekter kravlede i dagslysets sol.

Les perdrix résonnaient et les pics frappaient profondément dans les arbres.

Agerhønsene buldrede, og spætter bankede dybt oppe i træerne.

Les écureuils bavardaient, les oiseaux chantaient et les oies klaxonnaient au-dessus des chiens.

Ekorner snakkede, fugle sang, og gæs dyttede over hundene.

Les oiseaux sauvages arrivaient en groupes serrés, volant vers le haut depuis le sud.

Vildfuglene kom i skarpe flokke, fløjende op fra syd.

De chaque colline venait la musique des ruisseaux cachés et impétueux.

Fra hver bjergskråning kom musikken fra skjulte, brusende vandløb.

Toutes choses ont dégelé et se sont brisées, se sont pliées et ont repris leur mouvement.

Alt tøede op og knækkede, bøjede sig og brød tilbage i bevægelse.

Le Yukon s'efforçait de briser les chaînes de froid de la glace gelée.

Yukon anstrengte sig for at bryde den frosne is' kolde kæder.

La glace fondait en dessous, tandis que le soleil la faisait fondre par le dessus.

Isen smeltede nedenunder, mens solen smeltede den ovenfra.

Des trous d'aération se sont ouverts, des fissures se sont propagées et des morceaux sont tombés dans la rivière.

Lufthuller åbnede sig, revner spredte sig, og klumper faldt i floden.

Au milieu de toute cette vie débordante et flamboyante, les voyageurs titubaient.

Midt i alt dette sprudlende og flammende liv vaklede de rejsende.

Deux hommes, une femme et une meute de huskies marchaient comme des morts.

To mænd, en kvinde og en flok huskyer gik som døde.

Les chiens tombaient, Mercedes pleurait, mais continuait à conduire le traîneau.

Hundene faldt, Mercedes græd, men kørte stadig på slæden.

Hal jura faiblement et Charles cligna des yeux à travers ses yeux larmoyants.

Hal bandede svagt, og Charles blinkede med løbende øjne.

Ils tombèrent sur le camp de John Thornton à l'embouchure de la rivière White.

De snublede ind i John Thorntons lejr ved White Rivers udmunding.

Lorsqu'ils s'arrêtèrent, les chiens s'effondrèrent, comme s'ils étaient tous morts.

Da de stoppede, faldt hundene flade, som om de alle var døde.

Mercedes essuya ses larmes et regarda John Thornton.

Mercedes tørrede sine tårer og kiggede over på John Thornton.

Charles s'assit sur une bûche, lentement et raidement, souffrant du sentier.

Charles sad langsomt og stift på en træstamme, ondt i maven efter stien.

Hal parlait pendant que Thornton sculptait l'extrémité d'un manche de hache.

Hal talte, mens Thornton skar enden af et økseskaft ud.

Il taillait du bois de bouleau et répondait par des réponses brèves et fermes.

Han sliber birketræ og svarede med korte, bestemte svar.

Lorsqu'on lui a demandé son avis, il a donné des conseils, certain qu'ils ne seraient pas suivis.

Da han blev spurgt, gav han et råd, sikker på at det ikke ville blive fulgt.

Hal a expliqué : « Ils nous ont dit que la glace du sentier disparaissait. »

Hal forklarede: "De fortalte os, at isen på stien var ved at falde væk."

« Ils ont dit que nous devions rester sur place, mais nous sommes arrivés à White River. »

"De sagde, at vi skulle blive her – men vi nåede White River."

Il a terminé sur un ton moqueur, comme pour crier victoire dans les difficultés.

Han sluttede med en hånlig tone, som for at gøre krav på sejr i trængsler.

« Et ils t'ont dit la vérité », répondit doucement John Thornton à Hal.

"Og de fortalte dig sandheden," svarede John Thornton stille til Hal.

« La glace peut céder à tout moment, elle est prête à tomber. »

"Isen kan give efter når som helst – den er lige ved at falde af."

« Seuls un peu de chance et des imbéciles ont pu arriver jusqu'ici en vie. »

"Kun blind held og tåber kunne have nået så langt i live."

« Je vous le dis franchement, je ne risquerais pas ma vie pour tout l'or de l'Alaska. »

"Jeg siger dig ærligt, jeg ville ikke risikere mit liv for alt Alaskas guld."

« C'est parce que tu n'es pas un imbécile, je suppose », répondit Hal.

"Det er vel fordi, du ikke er en tåbe," svarede Hal.

« Tout de même, nous irons à Dawson. » Il déroula son fouet.

"Alligevel går vi videre til Dawson." Han rullede sin pisk ud.

« Monte là-haut, Buck ! Salut ! Debout ! Vas-y ! » cria-t-il durement.

"Kom op, Buck! Hej! Kom op! Kom så!" råbte han hårdt.

Thornton continuait à tailler, sachant que les imbéciles n'entendraient pas la raison.

Thornton blev ved med at sniffe, vel vidende at tåber ikke vil høre fornuft.

Arrêter un imbécile était futile, et deux ou trois imbéciles ne changeaient rien.

At stoppe en tåbe var nytteløst – og to eller tre narrede ændrede ingenting.

Mais l'équipe n'a pas bougé au son de l'ordre de Hal.

Men holdet bevægede sig ikke ved lyden af Hals kommando.

Désormais, seuls les coups pouvaient les faire se relever et avancer.

På nuværende tidspunkt kunne kun slag få dem til at rejse sig og trække sig fremad.

Le fouet claquait encore et encore sur les chiens affaiblis.

Pisken knaldede igen og igen hen over de svækkede hunde.

John Thornton serra fermement ses lèvres et regarda en silence.

John Thornton pressede læberne tæt og så i stilhed.

Solleks fut le premier à se relever sous le fouet.

Solleks var den første, der kravlede op på benene under pisken.

Puis Teek le suivit, tremblant. Joe poussa un cri en se relevant.

Så fulgte Teek efter, rystende. Joe gøede, da han snublede op.

Pike a essayé de se relever, a échoué deux fois, puis est finalement resté debout, chancelant.

Pike forsøgte at rejse sig, men fejlede to gange, og stod til sidst ustabelt op.

Mais Buck resta là où il était tombé, sans bouger du tout cette fois.

Men Buck lå, hvor han var faldet, og bevægede sig slet ikke denne gang.

Le fouet le frappait à plusieurs reprises, mais il ne faisait aucun bruit.

Pisken slog ham igen og igen, men han sagde ingen lyd.

Il n'a pas bronché ni résisté, il est simplement resté immobile et silencieux.

Han hverken veg tilbage eller gjorde modstand, men forblev bare stille og rolig.

Thornton remua plus d'une fois, comme pour parler, mais ne le fit pas.

Thornton rørte sig mere end én gang, som for at tale, men gjorde det ikke.

Ses yeux s'humidifièrent, et le fouet continuait à claquer contre Buck.

Hans øjne blev våde, og pisken knaldede stadig mod Buck.

Finalement, Thornton commença à marcher lentement, ne sachant pas quoi faire.

Endelig begyndte Thornton at gå langsomt frem og tilbage, usikker på, hvad han skulle gøre.

C'était la première fois que Buck échouait, et Hal devint furieux.

Det var første gang Buck havde fejlet, og Hal blev rasende.

Il a jeté le fouet et a pris la lourde massue à la place.

Han kastede pisken fra sig og samlede i stedet den tunge kølle op.

Le gourdin en bois s'abattit violemment, mais Buck ne se releva toujours pas pour bouger.

Trækøllen faldt hårdt ned, men Buck rejste sig stadig ikke for at røre sig.

Comme ses coéquipiers, il était trop faible, mais plus que cela.

Ligesom sine holdkammerater var han for svag – men mere end det.

Buck avait décidé de ne pas bouger, quoi qu'il arrive.

Buck havde besluttet sig for ikke at flytte sig, uanset hvad der skete derefter.

Il sentait quelque chose de sombre et de certain planer juste devant lui.

Han følte noget mørkt og sikkert svæve lige forude.

Cette peur l'avait saisi dès qu'il avait atteint la rive du fleuve.

Den frygt havde grebet ham, så snart han nåede flodbredden.

Cette sensation ne l'avait pas quitté depuis qu'il sentait la glace s'amincir sous ses pattes.

Følelsen havde ikke forladt ham, siden han havde mærket isen blive tynd under sine poter.

Quelque chose de terrible l'attendait – il le sentait juste au bout du sentier.

Noget forfærdeligt ventede – han mærkede det lige nede ad stien.

Il n'allait pas marcher vers cette terrible chose devant lui.

Han ville ikke gå mod den forfærdelige ting forude.

Il n'allait pas obéir à un quelconque ordre qui le conduirait à cette chose.

Han ville ikke adlyde nogen kommando, der førte ham til den ting.

La douleur des coups ne l'atteignait plus guère, il était trop loin.

Smerten fra slagene rørte ham knap nok nu – han var for langt væk.

L'étincelle de vie vacillait faiblement, s'affaiblissant sous chaque coup cruel.

Livsgnisten blafrede lavt, dæmpet under hvert grusomme slag.

Ses membres semblaient lointains ; tout son corps semblait appartenir à un autre.

Hans lemmer føltes fjerne; hele hans krop syntes at tilhøre en anden.

Il ressentit un étrange engourdissement alors que la douleur disparaissait complètement.

Han følte en mærkelig følelsesløshed, da smerten forsvandt helt.

De loin, il sentait qu'il était battu, mais il le savait à peine.

På afstand fornemmede han, at han blev slået, men vidste det knap nok.

Il pouvait entendre les coups sourds faiblement, mais ils ne faisaient plus vraiment mal.

Han kunne svagt høre dunkene, men de gjorde ikke længere rigtig ondt.

Les coups ont porté, mais son corps ne semblait plus être le sien.

Slagene landede, men hans krop føltes ikke længere som hans egen.

Puis, soudain, sans prévenir, John Thornton poussa un cri sauvage.

Så pludselig, uden varsel, udstødte John Thornton et vildt skrig.

C'était inarticulé, plus le cri d'une bête que celui d'un homme.

Det var uartikuleret, mere et dyrs end et menneskes skrig.

Il sauta sur l'homme avec la massue et renversa Hal en arrière.

Han sprang mod manden med køllen og slog Hal bagover.

Hal vola comme s'il avait été frappé par un arbre, atterrissant durement sur le sol.

Hal fløj, som om han var blevet ramt af et træ, og landede hårdt på jorden.

Mercedes a crié de panique et s'est agrippée au visage.

Mercedes skreg højt i panik og klamrede sig til hendes ansigt.

Charles se contenta de regarder, s'essuya les yeux et resta assis.

Charles så bare til, tørrede øjnene og blev siddende.

Son corps était trop raide à cause de la douleur pour se lever ou aider au combat.

Hans krop var for stiv af smerter til at rejse sig eller hjælpe til i kampen.

Thornton se tenait au-dessus de Buck, tremblant de fureur, incapable de parler.

Thornton stod over Buck, rystende af raseri, ude af stand til at tale.

Il tremblait de rage et luttait pour trouver sa voix à travers elle.

Han rystede af raseri og kæmpede for at finde sin stemme igennem det.

« Si tu frappes encore ce chien, je te tue », dit-il finalement.

"Hvis du slår den hund igen, slår jeg dig ihjel," sagde han endelig.

Hal essuya le sang de sa bouche et s'avança à nouveau.

Hal tørrede blodet af munden og kom frem igen.

« C'est mon chien », murmura-t-il. « Dégage, ou je te répare. »

"Det er min hund," mumlede han. "Kom væk, ellers ordner jeg dig."

« Je vais à Dawson, et vous ne m'en empêcherez pas », a-t-il ajouté.

"Jeg tager til Dawson, og du stopper mig ikke," tilføjede han.

Thornton se tenait fermement entre Buck et le jeune homme en colère.

Thornton stod fast mellem Buck og den vrede unge mand.

Il n'avait aucune intention de s'écarter ou de laisser passer Hal.

Han havde ingen intentioner om at træde til side eller lade Hal gå forbi.

Hal sortit son couteau de chasse, long et dangereux à la main.

Hal trak sin jagtkniv frem, lang og farlig i hånden.

Mercedes a crié, puis pleuré, puis ri dans une hystérie sauvage.

Mercedes skreg, så græd, så lo hun i vild hysteri.

Thornton frappa la main de Hal avec le manche de sa hache, fort et vite.

Thornton slog Hals hånd med sit økseskaft, hårdt og hurtigt.

Le couteau s'est détaché de la main de Hal et a volé au sol.

Kniven blev slået løs fra Hals greb og fløj til jorden.

Hal essaya de ramasser le couteau, et Thornton frappa à nouveau ses jointures.

Hal prøvede at samle kniven op, og Thornton bankede igen på knoerne.

Thornton se baissa alors, attrapa le couteau et le tint.

Så bøjede Thornton sig ned, greb kniven og holdt den.

D'un coup rapide de manche de hache, il coupa les rênes de Buck.

Med to hurtige hug med økseskaftet huggede han Bucks tøjler over.

Hal n'avait plus aucune résistance et s'éloigna du chien.

Hal havde ingen kamp tilbage i sig og trådte tilbage fra hunden.

De plus, Mercedes avait désormais besoin de ses deux bras pour se maintenir debout.

Desuden havde Mercedes brug for begge arme nu for at holde sig oprejst.

Buck était trop proche de la mort pour pouvoir à nouveau tirer un traîneau.

Buck var for døden nær til at kunne bruges til at trække en slæde igen.

Quelques minutes plus tard, ils se sont retirés et ont descendu la rivière.

Få minutter senere kørte de ud og satte kursen ned ad floden.

Buck leva faiblement la tête et les regarda quitter la banque.

Buck løftede svagt hovedet og så dem forlade banken.

Pike a mené l'équipe, avec Solleks à l'arrière dans la roue.

Pike førte holdet, med Solleks bagerst i rattet.

Joe et Teek marchaient entre eux, tous deux boitant d'épuisement.

Joe og Teek gik imellem, begge haltende af udmattelse.

Mercedes s'assit sur le traîneau et Hal saisit le long mât.

Mercedes satte sig på slæden, og Hal greb fat i den lange gee-stang.

Charles trébuchait derrière, ses pas maladroits et incertains.

Charles snublede bagved, hans skridt klodsede og usikre.

Thornton s'agenouilla près de Buck et chercha doucement des os cassés.

Thornton knælede ved siden af Buck og følte forsigtigt efter brækkede knogler.

Ses mains étaient rudes mais bougeaient avec gentillesse et attention.

Hans hænder var ru, men bevægede sig med venlighed og omhu.

Le corps de Buck était meurtri mais ne présentait aucune blessure durable.

Bucks krop var forslået, men viste ingen varige skader.

Ce qui restait, c'était une faim terrible et une faiblesse quasi totale.

Tilbage var en frygtelig sult og en næsten total svaghed.

Au moment où cela fut clair, le traîneau était déjà loin en aval.

Da dette var klart, var slæden kørt langt ned ad floden.

L'homme et le chien regardaient le traîneau ramper lentement sur la glace fissurée.

Mand og hund så slæden langsomt kravle hen over den revnede is.

Puis, ils virent le traîneau s'enfoncer dans un creux.

Så så de slæden synke ned i en fordybning.

Le mât s'est envolé, Hal s'y accrochant toujours en vain.

Gee-stangen fløj op, og Hal klamrede sig stadig forgæves til den.

Le cri de Mercedes les atteignit à travers la distance froide.

Mercedes' skrig nåede dem over den kolde afstand.

Charles se retourna et recula, mais il était trop tard.

Charles vendte sig og trådte tilbage – men han var for sent ude.

Une calotte glaciaire entière a cédé et ils sont tous tombés à travers.

En hel iskappe gav efter, og de faldt alle sammen igennem.

Les chiens, le traîneau et les gens ont disparu dans l'eau noire en contrebas.

Hunde, slæde og mennesker forsvandt i det sorte vand nedenfor.

Il ne restait qu'un large trou dans la glace là où ils étaient passés.

Kun et bredt hul i isen var tilbage, hvor de var passeret.

Le fond du sentier s'était affaissé, comme Thornton l'avait prévenu.

Stiens bund var faldet ud – præcis som Thornton advarede om.

Thornton et Buck se regardèrent, silencieux pendant un moment.

Thornton og Buck så tavse på hinanden et øjeblik.

« Pauvre diable », dit doucement Thornton, et Buck lui lécha la main.

"Din stakkels djævel," sagde Thornton sagte, og Buck slikkede sin hånd.

Pour l'amour d'un homme
Af kærlighed til en mand

John Thornton s'est gelé les pieds dans le froid du mois de décembre précédent.
John Thornton frøs fødderne i kulden i den foregående december.

Ses partenaires l'ont mis à l'aise et l'ont laissé se rétablir seul.
Hans partnere sørgede for, at han havde det behageligt og lod ham komme sig alene.

Ils remontèrent la rivière pour rassembler un radeau de billes de bois pour Dawson.
De gik op ad floden for at samle en tømmerflåde savtømmer til Dawson.

Il boitait encore légèrement lorsqu'il a sauvé Buck de la mort.
Han haltede stadig lidt, da han reddede Buck fra døden.

Mais avec le temps chaud qui continue, même cette boiterie a disparu.
Men med det fortsatte varme vejr forsvandt selv den halten.

Allongé au bord de la rivière pendant les longues journées de printemps, Buck se reposait.
Buck hvilede sig ved flodbredden i de lange forårsdage.

Il regardait l'eau couler et écoutait les oiseaux et les insectes.
Han betragtede det strømmende vand og lyttede til fugle og insekter.

Lentement, Buck reprit ses forces sous le soleil et le ciel.
Langsomt genvandt Buck sine kræfter under solen og himlen.

Un repos merveilleux après avoir parcouru trois mille kilomètres.
En hvile føltes vidunderlig efter at have rejst tre tusinde kilometer.

Buck est devenu paresseux à mesure que ses blessures guérissaient et que son corps se remplissait.
Buck blev doven, efterhånden som hans sår helede, og hans krop fyldtes op.

Ses muscles se raffermirent et la chair revint recouvrir ses os.

Hans muskler blev faste, og kødet dækkede knoglerne igen.

Ils se reposaient tous : Buck, Thornton, Skeet et Nig.

De hvilede sig alle – Buck, Thornton, Skeet og Nig.

Ils attendaient le radeau qui allait les transporter jusqu'à Dawson.

De ventede på tømmerflåden, der skulle fragte dem ned til Dawson.

Skeet était un petit setter irlandais qui s'est lié d'amitié avec Buck.

Skeet var en lille irsk setter, der blev venner med Buck.

Buck était trop faible et malade pour lui résister lors de leur première rencontre.

Buck var for svag og syg til at modstå hende ved deres første møde.

Skeet avait le trait de guérisseur que certains chiens possèdent naturellement.

Skeet havde den helbredende egenskab, som nogle hunde naturligt besidder.

Comme une mère chatte, elle lécha et nettoya les blessures à vif de Buck.

Som en morkat slikkede og rensede hun Bucks rå sår.

Chaque matin, après le petit-déjeuner, elle répétait son travail minutieux.

Hver morgen efter morgenmaden gentog hun sit omhyggelige arbejde.

Buck s'attendait à son aide autant qu'à celle de Thornton.

Buck kom til at forvente hendes hjælp lige så meget, som han forventede Thorntons.

Nig était également amical, mais moins ouvert et moins affectueux.

Nig var også venlig, men mindre åben og mindre kærlig.

Nig était un gros chien noir, à la fois chien de Saint-Hubert et chien de chasse.

Nig var en stor sort hund, delvist blodhund og delvist hjortehund.

Il avait des yeux rieurs et une infinie bonne nature dans son esprit.

Han havde leende øjne og en uendelig godhed i sin ånd.

À la surprise de Buck, aucun des deux chiens n'a montré de jalousie envers lui.

Til Bucks overraskelse viste ingen af hundene jalousi over for ham.

Skeet et Nig ont tous deux partagé la gentillesse de John Thornton.

Både Skeet og Nig delte John Thorntons venlighed.

À mesure que Buck devenait plus fort, ils l'ont attiré dans des jeux de chiens stupides.

Efterhånden som Buck blev stærkere, lokkede de ham med i tåbelige hundelege.

Thornton jouait souvent avec eux aussi, incapable de résister à leur joie.

Thornton legede også ofte med dem, ude af stand til at modstå deres glæde.

De cette manière ludique, Buck est passé de la maladie à une nouvelle vie.

På denne legende måde bevægede Buck sig fra sygdom til et nyt liv.

L'amour – un amour véritable, brûlant et passionné – était enfin à lui.

Kærligheden – ægte, brændende og lidenskabelig kærlighed – var endelig hans.

Il n'avait jamais connu ce genre d'amour dans le domaine de Miller.

Han havde aldrig kendt denne form for kærlighed på Millers ejendom.

Avec les fils du juge, il avait partagé le travail et l'aventure.

Med dommerens sønner havde han delt arbejde og eventyr.

Chez les petits-fils, il vit une fierté raide et vantarde.

Hos børnebørnene så han stiv og pralende stolthed.

Il entretenait avec le juge Miller lui-même une amitié respectueuse.

Med dommer Miller selv havde han et respektfuldt venskab.

Mais l'amour qui était feu, folie et adoration est venu avec Thornton.

Men kærlighed, der var ild, vanvid og tilbedelse, kom med Thornton.

Cet homme avait sauvé la vie de Buck, et cela seul signifiait beaucoup.

Denne mand havde reddet Bucks liv, og alene det betød meget.

Mais plus que cela, John Thornton était le type de maître idéal.

Men mere end det, var John Thornton den ideelle slags mester.

D'autres hommes s'occupaient de chiens par devoir ou par nécessité professionnelle.

Andre mænd passede hunde af pligt eller forretningsmæssig nødvendighed.

John Thornton prenait soin de ses chiens comme s'ils étaient ses enfants.

John Thornton passede på sine hunde, som var de hans børn.

Il prenait soin d'eux parce qu'il les aimait et qu'il ne pouvait tout simplement pas s'en empêcher.

Han holdt af dem, fordi han elskede dem og simpelthen ikke kunne lade være.

John Thornton a vu encore plus loin que la plupart des hommes n'ont jamais réussi à voir.

John Thornton så endnu længere end de fleste mænd nogensinde formåede at se.

Il n'oubliait jamais de les saluer gentiment ou de leur adresser un mot d'encouragement.

Han glemte aldrig at hilse venligt på dem eller sige et opmuntrende ord.

Il adorait s'asseoir avec les chiens pour de longues conversations, ou « gazeuses », comme il disait.

Han elskede at sidde ned med hundene til lange samtaler, eller "gassy", som han sagde.

Il aimait saisir brutalement la tête de Buck entre ses mains fortes.

Han kunne lide at gribe Bucks hoved hårdt mellem sine stærke hænder.

Puis il posa sa tête contre celle de Buck et le secoua doucement.

Så hvilede han sit hoved mod Bucks og rystede ham forsigtigt.

Pendant tout ce temps, il traitait Buck de noms grossiers qui signifiaient de l'amour pour Buck.

Hele tiden kaldte han Buck uhøflige navne, der betød kærlighed for Buck.

Pour Buck, cette étreinte brutale et ces mots ont apporté une joie profonde.

For Buck bragte den hårde omfavnelse og de ord dyb glæde.

Son cœur semblait se déchaîner de bonheur à chaque mouvement.

Hans hjerte syntes at dirre løs af lykke ved hver bevægelse.

Lorsqu'il se releva ensuite, sa bouche semblait rire.

Da han sprang op bagefter, så det ud, som om hans mund lo.

Ses yeux brillaient et sa gorge tremblait d'une joie inexprimée.

Hans øjne strålede klart, og hans hals dirrede af uudtalt glæde.

Son sourire resta figé dans cet état d'émotion et d'affection rayonnante.

Hans smil stod stille i den tilstand af følelser og glødende hengivenhed.

Thornton s'exclama alors pensivement : « Mon Dieu ! Il peut presque parler ! »

Så udbrød Thornton eftertænksomt: "Gud! han kan næsten tale!"

Buck avait une étrange façon d'exprimer son amour qui causait presque de la douleur.

Buck havde en mærkelig måde at udtrykke kærlighed på, der næsten forårsagede smerte.

Il serrait souvent très fort la main de Thornton entre ses dents.

Han greb ofte Thorntons hånd meget hårdt mellem tænderne.

La morsure allait laisser des marques profondes qui resteraient un certain temps après.

Biddet ville efterlade dybe mærker, der blev i nogen tid efter.

Buck croyait que ces serments étaient de l'amour, et Thornton savait la même chose.

Buck troede, at disse eder var kærlighed, og Thornton vidste det samme.

Le plus souvent, l'amour de Buck se manifestait par une adoration silencieuse, presque silencieuse.

Bucks kærlighed viste sig oftest i stille, næsten tavs tilbedelse.

Bien qu'il soit ravi lorsqu'on le touche ou qu'on lui parle, il ne cherche pas à attirer l'attention.

Selvom han blev begejstret, når han blev berørt eller talt til, søgte han ikke opmærksomhed.

Skeet a poussé son nez sous la main de Thornton jusqu'à ce qu'il la caresse.

Skeet puffede sin snude under Thorntons hånd, indtil han kælede med hende.

Nig s'approcha tranquillement et posa sa grosse tête sur le genou de Thornton.

Nig gik stille hen og hvilede sit store hoved på Thorntons knæ.

Buck, au contraire, se contentait d'aimer à distance respectueuse.

Buck var derimod tilfreds med at elske fra en respektfuld afstand.

Il resta allongé pendant des heures aux pieds de Thornton, alerte et observant attentivement.

Han lå i timevis ved Thorntons fødder, årvågen og observerende.

Buck étudiait chaque détail du visage de son maître et le moindre mouvement.

Buck studerede hver eneste detalje af sin herres ansigt og mindste bevægelse.

Ou bien il était allongé plus loin, étudiant la silhouette de l'homme en silence.

Eller løj længere væk og studerede mandens skikkelse i stilhed.

Buck observait chaque petit mouvement, chaque changement de posture ou de geste.

Buck iagttog hver lille bevægelse, hvert skift i kropsholdning eller gestus.

Ce lien était si puissant qu'il attirait souvent le regard de Thornton.

Denne forbindelse var så stærk, at den ofte fangede Thorntons blik.

Il rencontra les yeux de Buck sans un mot, l'amour brillant clairement à travers.

Han mødte Bucks øjne uden ord, kærligheden skinnede klart igennem.

Pendant longtemps après avoir été sauvé, Buck n'a jamais laissé Thornton hors de vue.

I lang tid efter at være blevet reddet, lod Buck aldrig Thornton ud af syne.

Chaque fois que Thornton quittait la tente, Buck le suivait de près à l'extérieur.

Hver gang Thornton forlod teltet, fulgte Buck ham tæt udenfor.

Tous les maîtres sévères du Northland avaient fait que Buck avait peur de faire confiance.

Alle de barske herrer i Nordlandet havde gjort Buck bange for at stole på ham.

Il craignait qu'aucun homme ne puisse rester son maître plus d'un court instant.

Han frygtede, at ingen mand kunne forblive hans herre i mere end en kort tid.

Il craignait que John Thornton ne disparaisse comme Perrault et François.

Han frygtede, at John Thornton ville forsvinde ligesom Perrault og François.

Même la nuit, la peur de le perdre hantait le sommeil agité de Buck.

Selv om natten hjemsøgte frygten for at miste ham Bucks urolige søvn.

Quand Buck se réveilla, il se glissa dehors dans le froid et se dirigea vers la tente.

Da Buck vågnede, krøb han ud i kulden og gik hen til teltet.

Il écoutait attentivement le doux bruit de la respiration à l'intérieur.

Han lyttede opmærksomt efter den bløde lyd af vejrtrækning indeni.

Malgré l'amour profond de Buck pour John Thornton, la nature sauvage est restée vivante.

Trods Bucks dybe kærlighed til John Thornton, forblev vildmarken i live.

Cet instinct primitif, éveillé dans le Nord, n'a pas disparu.

Det primitive instinkt, der var vækket i Norden, forsvandt ikke.

L'amour a apporté la dévotion, la loyauté et le lien chaleureux du coin du feu.

Kærlighed bragte hengivenhed, loyalitet og ildens varme bånd.

Mais Buck a également conservé son instinct sauvage, vif et toujours en alerte.

Men Buck bevarede også sine vilde instinkter, skarpe og altid årvågne.

Il n'était pas seulement un animal de compagnie apprivoisé venu des terres douces de la civilisation.

Han var ikke bare et tamt kæledyr fra civilisationens bløde lande.

Buck était un être sauvage qui était venu s'asseoir près du feu de Thornton.

Buck var et vildt væsen, der var kommet ind for at sidde ved Thorntons bål.

Il ressemblait à un chien du Southland, mais la sauvagerie vivait en lui.

Han lignede en sydlandsk hund, men der levede vildskab i ham.

Son amour pour Thornton était trop grand pour permettre de voler cet homme.

Hans kærlighed til Thornton var for stor til at tillade tyveri fra manden.

Mais dans n'importe quel autre camp, il volerait avec audace et sans relâche.

Men i enhver anden lejr ville han stjæle dristigt og uden pause.

Il était si habile à voler que personne ne pouvait l'attraper ou l'accuser.

Han var så snedig til at stjæle, at ingen kunne fange eller anklage ham.

Son visage et son corps étaient couverts de cicatrices dues à de nombreux combats passés.

Hans ansigt og krop var dækket af ar fra mange tidligere kampe.

Buck se battait toujours avec acharnement, mais maintenant il se battait avec plus de ruse.

Buck kæmpede stadig voldsomt, men nu kæmpede han med mere list.

Skeet et Nig étaient trop doux pour se battre, et ils appartenaient à Thornton.

Skeet og Nig var for blide til at slås, og de tilhørte Thornton.

Mais tout chien étranger, aussi fort ou courageux soit-il, cédait.

Men enhver fremmed hund, uanset hvor stærk eller modig den var, gav efter.

Sinon, le chien se retrouvait à lutter contre Buck, à se battre pour sa vie.

Ellers måtte hunden kæmpe mod Buck; kæmpe for sit liv.

Buck n'a eu aucune pitié une fois qu'il a choisi de se battre contre un autre chien.

Buck viste ingen nåde, da han først valgte at kæmpe mod en anden hund.

Il avait bien appris la loi du gourdin et des crocs dans le Nord.

Han havde lært loven om kølle og hugtand godt i Nordlandet.

Il n'a jamais abandonné un avantage et n'a jamais reculé devant la bataille.

Han opgav aldrig en fordel og trak sig aldrig tilbage fra kamp.

Il avait étudié les Spitz et les chiens les plus féroces de la poste et de la police.

Han havde studeret Spitz og de vildeste post- og politihunde.

Il savait clairement qu'il n'y avait pas de juste milieu dans un combat sauvage.

Han vidste tydeligt, at der ikke var nogen mellemvej i vild kamp.

Il doit gouverner ou être gouverné ; faire preuve de miséricorde signifie faire preuve de faiblesse.

Han måtte herske eller blive hersket; at vise barmhjertighed betød at vise svaghed.

La miséricorde était inconnue dans le monde brut et brutal de la survie.

Barmhjertighed var ukendt i overlevelsens rå og brutale verden.

Faire preuve de miséricorde était perçu comme de la peur, et la peur menait rapidement à la mort.

At vise barmhjertighed blev set som frygt, og frygt førte hurtigt til døden.

L'ancienne loi était simple : tuer ou être tué, manger ou être mangé.

Den gamle lov var enkel: dræb eller bliv dræbt, spis eller bliv spist.

Cette loi venait des profondeurs du temps, et Buck la suivait pleinement.

Den lov kom fra tidens dyb, og Buck fulgte den fuldt ud.

Buck était plus vieux que son âge et que le nombre de respirations qu'il prenait.

Buck var ældre end sine år og antallet af åndedrag, han tog.

Il a clairement relié le passé ancien au moment présent.

Han forbandt den gamle fortid tydeligt med nutiden.

Les rythmes profonds des âges le traversaient comme les marées.

Tidernes dybe rytmer bevægede sig gennem ham som tidevandet.

Le temps pulsait dans son sang aussi sûrement que les saisons faisaient bouger la terre.

Tiden pulserede i hans blod lige så sikkert som årstiderne bevægede jorden.

Il était assis près du feu de Thornton, la poitrine forte et les crocs blancs.

Han sad ved Thorntons ild med kraftig brystkasse og hvide hugtænder.

Sa longue fourrure ondulait, mais derrière lui, les esprits des chiens sauvages observaient.

Hans lange pels blafrede, men bag ham så vilde hundes ånder på.

Des demi-loups et des loups à part entière s'agitaient dans son cœur et dans ses sens.

Halvulve og fulde ulve rørte sig i hans hjerte og sanser.

Ils goûtèrent sa viande et burent la même eau que lui.

De smagte på hans kød og drak det samme vand som han gjorde.

Ils reniflaient le vent à ses côtés et écoutaient la forêt.

De snusede til vinden ved siden af ham og lyttede til skoven.

Ils murmuraient la signification des sons sauvages dans l'obscurité.

De hviskede betydningen af de vilde lyde i mørket.

Ils façonnaient ses humeurs et guidaient chacune de ses réactions silencieuses.

De formede hans humør og styrede hver af hans stille reaktioner.

Ils se sont couchés avec lui pendant son sommeil et sont devenus une partie de ses rêves profonds.

De lå hos ham, mens han sov, og blev en del af hans dybe drømme.

Ils rêvaient avec lui, au-delà de lui, et constituaient son esprit même.

De drømte med ham, hinsides ham, og udgjorde selve hans ånd.

Les esprits de la nature appelèrent si fort que Buck se sentit attiré.

Vildmarkens ånder kaldte så stærkt, at Buck følte sig draget.

Chaque jour, l'humanité et ses revendications s'affaiblissaient dans le cœur de Buck.

Hver dag blev menneskeheden og dens krav svagere i Bucks hjerte.

Au plus profond de la forêt, un appel étrange et palpitant allait s'élever.

Dybt inde i skoven ville et mærkeligt og spændende kald stige.

Chaque fois qu'il entendait l'appel, Buck ressentait une envie à laquelle il ne pouvait résister.

Hver gang han hørte kaldet, følte Buck en trang, han ikke kunne modstå.

Il allait se détourner du feu et des sentiers battus des humains.

Han ville vende sig bort fra ilden og fra de slagne menneskestier.

Il allait s'enfoncer dans la forêt, avançant sans savoir pourquoi.

Han ville styrte ind i skoven, fortsætte fremad uden at vide hvorfor.

Il ne remettait pas en question cette attraction, car l'appel était profond et puissant.

Han satte ikke spørgsmålstegn ved denne tiltrækning, for kaldet var dybt og kraftfuldt.

Souvent, il atteignait l'ombre verte et la terre douce et intacte

Ofte nåede han den grønne skygge og den bløde, uberørte jord

Mais ensuite, son amour profond pour John Thornton l'a ramené vers le feu.

Men så trak den stærke kærlighed til John Thornton ham tilbage til ilden.

Seul John Thornton tenait véritablement le cœur sauvage de Buck entre ses mains.

Kun John Thornton holdt virkelig Bucks vilde hjerte i sit greb.

Le reste de l'humanité n'avait aucune valeur ni signification durable pour Buck.

Resten af menneskeheden havde ingen varig værdi eller betydning for Buck.

Les étrangers pourraient le féliciter ou caresser sa fourrure avec des mains amicales.

Fremmede roser ham måske eller stryger ham over pelsen med venlige hænder.

Buck resta impassible et s'éloigna à cause de trop d'affection.

Buck forblev urørlig og gik sin vej på grund af for megen hengivenhed.

Hans et Pete sont arrivés avec le radeau qu'ils attendaient depuis longtemps

Hans og Pete ankom med den længe ventede tømmerflåde

Buck les a ignorés jusqu'à ce qu'il apprenne qu'ils étaient proches de Thornton.

Buck ignorerede dem, indtil han fandt ud af, at de var tæt på Thornton.

Après cela, il les a tolérés, mais ne leur a jamais montré toute sa chaleur.

Derefter tolererede han dem, men viste dem aldrig fuld varme.

Il prenait de la nourriture ou des marques de gentillesse de leur part comme s'il leur rendait service.

Han tog imod mad eller venlighed fra dem, som om han gjorde dem en tjeneste.

Ils étaient comme Thornton : simples, honnêtes et clairs dans leurs pensées.

De var ligesom Thornton – enkle, ærlige og klare i tankerne.

Tous ensemble, ils se rendirent à la scierie de Dawson et au grand tourbillon

Alle sammen rejste de til Dawsons savværk og den store hvirvelstrøm

Au cours de leur voyage, ils ont appris à comprendre profondément la nature de Buck.

På deres rejse lærte de at forstå Bucks natur dybt.

Ils n'ont pas essayé de se rapprocher comme Skeet et Nig l'avaient fait.

De forsøgte ikke at komme tættere på hinanden, ligesom Skeet og Nig havde gjort.

Mais l'amour de Buck pour John Thornton n'a fait que s'approfondir avec le temps.

Men Bucks kærlighed til John Thornton blev kun dybere med tiden.

Seul Thornton pouvait placer un sac sur le dos de Buck en été.

Kun Thornton kunne lægge en pakke på Bucks ryg om sommeren.

Quoi que Thornton ordonne, Buck était prêt à l'exécuter pleinement.

Uanset hvad Thornton beordrede, var Buck villig til at gøre fuldt ud.

Un jour, après avoir quitté Dawson pour les sources du Tanana,

En dag, efter de havde forladt Dawson for at nå Tanana-flodens udspring,

le groupe était assis sur une falaise qui descendait d'un mètre jusqu'au substrat rocheux nu.

Gruppen sad på en klippe, der faldt en meter ned til bart grundfjeld.

John Thornton était assis près du bord et Buck se reposait à côté de lui.

John Thornton sad nær kanten, og Buck hvilede sig ved siden af ham.

Thornton eut une pensée soudaine et attira l'attention des hommes.

Thornton fik en pludselig tanke og tiltrak mændenes opmærksomhed.

Il désigna le gouffre et donna un seul ordre à Buck.

Han pegede over kløften og gav Buck én kommando.

« Saute, Buck ! » dit-il en balançant son bras au-dessus de la chute.

"Hop, Buck!" sagde han og svingede armen ud over faldet.

En un instant, il dut attraper Buck, qui sautait pour obéir.

Om et øjeblik måtte han gribe fat i Buck, som sprang for at adlyde.

Hans et Pete se sont précipités en avant et ont ramené les deux hommes en sécurité.

Hans og Pete skyndte sig frem og trak begge tilbage i sikkerhed.

Une fois que tout fut terminé et qu'ils eurent repris leur souffle, Pete prit la parole.

Efter at alt var overstået, og de havde fået vejret, tog Pete ordet.

« L'amour est étrange », dit-il, secoué par la dévotion féroce du chien.

"Kærligheden er uhyggelig," sagde han, rystet af hundens voldsomme hengivenhed.

Thornton secoua la tête et répondit avec un sérieux calme.

Thornton rystede på hovedet og svarede med rolig alvor.

« Non, l'amour est splendide », dit-il, « mais aussi terrible. »

"Nej, kærligheden er storslået," sagde han, "men også forfærdelig."

« Parfois, je dois l'admettre, ce genre d'amour me fait peur. »

"Nogle gange må jeg indrømme, at denne form for kærlighed gør mig bange."

Pete hocha la tête et dit : « Je détesterais être l'homme qui te touche. »

Pete nikkede og sagde: "Jeg ville hade at være den mand, der rører dig."

Il regarda Buck pendant qu'il parlait, sérieux et plein de respect.

Han så på Buck, mens han talte, alvorligt og fuld af respekt.

« Py Jingo ! » s'empressa de dire Hans. « Moi non plus, non monsieur. »

„Py Jingo!" sagde Hans hurtigt. „Heller ikke mig, nej, hr."

Avant la fin de l'année, les craintes de Pete se sont réalisées à Circle City.

Inden året var omme, gik Petes frygt i opfyldelse i Circle City.

Un homme cruel nommé Black Burton a provoqué une bagarre dans le bar.

En grusom mand ved navn Black Burton startede et slagsmål i baren.

Il était en colère et malveillant, s'en prenant à un nouveau tendre.

Han var vred og ondskabsfuld og langede ud efter en ny følsom fod.

John Thornton est intervenu, calme et de bonne humeur comme toujours.

John Thornton trådte til, rolig og godmodig som altid.

Buck était allongé dans un coin, la tête baissée, observant Thornton de près.

Buck lå i et hjørne med hovedet nedad og iagttog Thornton nøje.

Burton frappa soudainement, son coup envoyant Thornton tourner.

Burton slog pludselig til, og hans slag fik Thornton til at snurre rundt.

Seule la barre du bar l'a empêché de s'écraser violemment au sol.

Kun barens gelænder forhindrede ham i at styrte hårdt ned på jorden.

Les observateurs ont entendu un son qui n'était ni un aboiement ni un cri.

Vagterne hørte en lyd, der ikke var gøen eller gylpen

un rugissement profond sortit de Buck alors qu'il se lançait vers l'homme.

Et dybt brøl lød fra Buck, da han skyndte sig mod manden.

Burton a levé le bras et a sauvé sa vie de justesse.

Burton løftede armen og reddede med nød og næppe sit eget liv.

Buck l'a percuté, le faisant tomber à plat sur le sol.

Buck bragede ind i ham og slog ham fladt ned på gulvet.

Buck mordit profondément le bras de l'homme, puis se jeta à la gorge.

Buck bed dybt i mandens arm og kastede sig derefter ud efter struben.

Burton n'a pu bloquer que partiellement et son cou a été déchiré.

Burton kunne kun delvist blokere, og hans hals blev revet op.

Des hommes se sont précipités, les bâtons levés, et ont chassé Buck de l'homme ensanglanté.

Mænd stormede ind, med køller hejst, og drev Buck væk fra den blødende mand.

Un chirurgien est intervenu rapidement pour arrêter l'écoulement du sang.

En kirurg arbejdede hurtigt for at stoppe blodet i at løbe ud.

Buck marchait de long en large et grognait, essayant d'attaquer encore et encore.

Buck gik frem og tilbage og knurrede, mens han forsøgte at angribe igen og igen.

Seuls les coups de massue l'ont empêché d'atteindre Burton.

Kun svingende køller forhindrede ham i at nå Burton.

Une réunion de mineurs a été convoquée et tenue sur place.

Der blev indkaldt til et minearbejdermøde og afholdt lige der på stedet.

Ils ont convenu que Buck avait été provoqué et ont voté pour le libérer.

De var enige om, at Buck var blevet provokeret, og stemte for at sætte ham fri.

Mais le nom féroce de Buck résonnait désormais dans tous les camps d'Alaska.

Men Bucks stærke navn gav nu genlyd i alle lejre i Alaska.

Plus tard cet automne-là, Buck sauva à nouveau Thornton d'une nouvelle manière.

Senere samme efterår reddede Buck Thornton igen på en ny måde.

Les trois hommes guidaient un long bateau sur des rapides impétueux.

De tre mænd førte en lang båd ned ad barske strømfald.

Thornton dirigeait le bateau et donnait des indications pour se rendre sur le rivage.

Thornton managede båden og råbte vej til kystlinjen.

Hans et Pete couraient sur terre, tenant une corde d'arbre en arbre.

Hans og Pete løb på land og holdt et reb fra træ til træ.

Buck suivait le rythme sur la rive, surveillant toujours son maître.

Buck holdt trit på bredden og holdt altid øje med sin herre.

À un endroit désagréable, des rochers surplombaient les eaux vives.

På et ubehageligt sted stak klipper ud under det brusende vand.

Hans lâcha la corde et Thornton dirigea le bateau vers le large.

Hans slap rebet, og Thornton styrede båden vidt.

Hans sprinta pour rattraper le bateau en passant devant les rochers dangereux.

Hans spurtede for at indhente båden igen forbi de farlige klipper.

Le bateau a franchi le rebord mais a heurté une partie plus forte du courant.

Båden passerede afsatsen, men ramte en stærkere del af strømmen.

Hans a attrapé la corde trop vite et a déséquilibré le bateau.

Hans greb for hurtigt fat i rebet og trak båden ud af balance.

Le bateau s'est retourné et a heurté la berge, cul en l'air.

Båden kæntrede og bragede ind i bredden med bunden opad.

Thornton a été jeté dehors et emporté dans la partie la plus sauvage de l'eau.

Thornton blev kastet ud og fejet ud i den vildeste del af vandet.

Aucun nageur n'aurait pu survivre dans ces eaux mortelles et tumultueuses.

Ingen svømmer kunne have overlevet i det dødbringende, brusende vand.

Buck sauta instantanément et poursuivit son maître sur la rivière.

Buck sprang straks ind og jagtede sin herre ned ad floden.

Après trois cents mètres, il atteignit enfin Thornton.

Efter tre hundrede meter nåede han endelig Thornton.

Thornton attrapa la queue de Buck, et Buck se tourna vers le rivage.

Thornton greb fat i Bucks hale, og Buck vendte sig mod kysten.

Il nageait de toutes ses forces, luttant contre la force de l'eau.

Han svømmede med fuld styrke og kæmpede mod vandets vilde modstand.

Ils se déplaçaient en aval plus vite qu'ils ne pouvaient atteindre le rivage.

De bevægede sig nedstrøms hurtigere, end de kunne nå kysten.

Plus loin, la rivière rugissait plus fort alors qu'elle tombait dans des rapides mortels.

Forude brølede floden højere, mens den faldt ned i dødbringende strømfald.

Les rochers fendaient l'eau comme les dents d'un énorme peigne.

Stenene skar gennem vandet som tænderne på en enorm kam.

L'attraction de l'eau près de la chute était sauvage et inévitable.

Vandets tiltrækning nær dråben var vild og uundgåelig.

Thornton savait qu'ils ne pourraient jamais atteindre le rivage à temps.

Thornton vidste, at de aldrig kunne nå kysten i tide.

Il a gratté un rocher, s'est écrasé sur un deuxième,

Han skrabede over én sten, smadrede hen over en anden,

Et puis il s'est écrasé contre un troisième rocher, l'attrapant à deux mains.

Og så bragede han ind i en tredje sten og greb den med begge hænder.

Il lâcha Buck et cria par-dessus le rugissement : « Vas-y, Buck ! Vas-y ! »

Han slap Buck og råbte over brølet: "Afsted, Buck! Afsted!"

Buck n'a pas pu rester à flot et a été emporté par le courant.

Buck kunne ikke holde sig oven vande og blev revet med af strømmen.

Il s'est battu avec acharnement, s'efforçant de se retourner, mais n'a fait aucun progrès.

Han kæmpede hårdt og kæmpede for at vende sig, men gjorde slet ingen fremskridt.

Puis il entendit Thornton répéter l'ordre par-dessus le rugissement de la rivière.

Så hørte han Thornton gentage kommandoen over flodens brølen.

Buck sortit de l'eau et leva la tête comme pour un dernier regard.

Buck steg op af vandet og løftede hovedet, som for at kaste et sidste blik.

puis il se retourna et obéit, nageant vers la rive avec résolution.

så vendte han sig om og adlød, mens han beslutsomt svømmede mod bredden.

Pete et Hans l'ont tiré à terre au dernier moment possible.

Pete og Hans trak ham i land i det sidste mulige øjeblik.

Ils savaient que Thornton ne pourrait s'accrocher au rocher que quelques minutes de plus.

De vidste, at Thornton kun kunne klamre sig til klippen i få minutter mere.

Ils coururent sur la berge jusqu'à un endroit bien au-dessus de l'endroit où il était suspendu.

De løb op ad bredden til et sted langt over, hvor han hang.

Ils ont soigneusement attaché la ligne du bateau au cou et aux épaules de Buck.

De bandt omhyggeligt bådens line fast til Bucks nakke og skuldre.

La corde était serrée mais suffisamment lâche pour permettre la respiration et le mouvement.

Rebet var stramt, men løst nok til at trække vejret og bevæge sig.

Puis ils le jetèrent à nouveau dans la rivière tumultueuse et mortelle.

Så kastede de ham igen ud i den brusende, dødbringende flod.

Buck nageait avec audace mais manquait son angle face à la force du courant.

Buck svømmede dristigt, men ramte ikke strømmens kraft.

Il a vu trop tard qu'il allait dépasser Thornton.

Han så for sent, at han ville drive forbi Thornton.

Hans tira fort sur la corde, comme si Buck était un bateau en train de chavirer.

Hans stramte rebet, som om Buck var en kæntrende båd.

Le courant l'a entraîné vers le fond et il a disparu sous la surface.

Strømmen trak ham ned under overfladen, og han forsvandt.

Son corps a heurté la berge avant que Hans et Pete ne le sortent.

Hans krop ramte banken, før Hans og Pete trak ham op.

Il était à moitié noyé et ils l'ont chassé de l'eau.

Han var halvt druknet, og de hamrede vandet ud af ham.

Buck se leva, tituba et s'effondra à nouveau sur le sol.

Buck rejste sig, vaklede og kollapsede igen om på jorden.

Puis ils entendirent la voix de Thornton faiblement portée par le vent.

Så hørte de Thorntons stemme, svagt båret af vinden.

Même si les mots n'étaient pas clairs, ils savaient qu'il était proche de la mort.

Selvom ordene var uklare, vidste de, at han var døden nær.

Le son de la voix de Thornton frappa Buck comme une décharge électrique.

Lyden af Thorntons stemme ramte Buck som et elektrisk stød.

Il sauta et courut sur la berge, retournant au point de lancement.

Han sprang op og løb op ad bredden og vendte tilbage til startstedet.

Ils attachèrent à nouveau la corde à Buck, et il entra à nouveau dans le ruisseau.

Igen bandt de rebet til Buck, og igen gik han ud i bækken.

Cette fois, il nagea directement et fermement dans l'eau tumultueuse.

Denne gang svømmede han direkte og bestemt ud i det
brusende vand.

**Hans laissa sortir la corde régulièrement tandis que Pete
l'empêchait de s'emmêler.**

Hans slap rebet støt ud, mens Pete holdt det fra at filtre sig
sammen.

**Buck a nagé avec acharnement jusqu'à ce qu'il soit aligné
juste au-dessus de Thornton.**

Buck svømmede hårdt, indtil han var opstillet lige over
Thornton.

**Puis il s'est retourné et a foncé comme un train à toute
vitesse.**

Så vendte han sig og susede ned som et tog i fuld fart.

**Thornton le vit arriver, se redressa et entoura son cou de ses
bras.**

Thornton så ham komme, forberedt og holdt armene om hans
hals.

**Hans a attaché la corde fermement autour d'un arbre alors
qu'ils étaient tous les deux entraînés sous l'eau.**

Hans bandt rebet fast omkring et træ, mens begge blev trukket
under.

**Ils ont dégringolé sous l'eau, s'écrasant contre des rochers et
des débris de la rivière.**

De tumlede under vandet og smadrede ind i klipper og
flodaffald.

**Un instant, Buck était au sommet, l'instant d'après, Thornton
se levait en haletant.**

Det ene øjeblik var Buck på toppen, det næste rejste Thornton
sig gispende.

Battus et étouffés, ils se dirigèrent vers la rive et la sécurité.

Forslåede og kvalte drejede de mod bredden og i sikkerhed.

Thornton a repris connaissance, allongé sur un tronc d'arbre.

Thornton genvandt bevidstheden, liggende på tværs af en
drivtømmer.

**Hans et Pete ont travaillé dur pour lui redonner souffle et
vie.**

Hans og Pete arbejdede hårdt for at få ham tilbage i livet.

Sa première pensée fut pour Buck, qui gisait immobile et mou.

Hans første tanke var på Buck, som lå ubevægelig og slap.

Nig hurla sur le corps de Buck et Skeet lui lécha doucement le visage.

Nig hylede over Bucks krop, og Skeet slikkede ham blidt i ansigtet.

Thornton, endolori et meurtri, examina Buck avec des mains prudentes.

Thornton, øm og forslået, undersøgte Buck med forsigtige hænder.

Il a trouvé trois côtes cassées, mais aucune blessure mortelle chez le chien.

Han fandt tre brækkede ribben, men ingen dødelige sår hos hunden.

« C'est réglé », dit Thornton. « On campe ici. » Et c'est ce qu'ils firent.

"Det afgør sagen," sagde Thornton. "Vi camperer her." Og det gjorde de.

Ils sont restés jusqu'à ce que les côtes de Buck soient guéries et qu'il puisse à nouveau marcher.

De blev, indtil Bucks ribben var helet, og han kunne gå igen.

Cet hiver-là, Buck accomplit un exploit qui augmenta encore sa renommée.

Den vinter udførte Buck en bedrift, der øgede hans berømmelse yderligere.

C'était moins héroïque que de sauver Thornton, mais tout aussi impressionnant.

Det var mindre heroisk end at redde Thornton, men lige så imponerende.

À Dawson, les partenaires avaient besoin de provisions pour un long voyage.

I Dawson havde partnerne brug for forsyninger til en fjern rejse.

Ils voulaient voyager vers l'Est, dans des terres sauvages et intactes.

De ville rejse østpå, ind i uberørte vildmarksområder.

L'acte de Buck dans l'Eldorado Saloon a rendu ce voyage possible.

Bucks gerning i Eldorado Saloon gjorde den rejse mulig.

Tout a commencé avec des hommes qui se vantaient de leurs chiens en buvant un verre.

Det begyndte med mænd, der pralede af deres hunde over drinks.

La renommée de Buck a fait de lui la cible de défis et de doutes.

Bucks berømmelse gjorde ham til mål for udfordringer og tvivl.

Thornton, fier et calme, resta ferme dans la défense du nom de Buck.

Thornton, stolt og rolig, stod fast i sit forsvar af Bucks navn.

Un homme a déclaré que son chien pouvait facilement tirer deux cents kilos.

En mand sagde, at hans hund nemt kunne trække fem hundrede pund.

Un autre a dit six cents, et un troisième s'est vanté d'en avoir sept cents.

En anden sagde seks hundrede, og en tredje pralede med syv hundrede.

« Pfft ! » dit John Thornton, « Buck peut tirer un traîneau de mille livres. »

"Pfft!" sagde John Thornton, "Buck kan trække en slæde på tusind pund."

Matthewson, un roi de Bonanza, s'est penché en avant et l'a défié.

Matthewson, en Bonanza-konge, lænede sig frem og udfordrede ham.

« Tu penses qu'il peut mettre autant de poids en mouvement ? »

"Tror du, han kan lægge så meget vægt i bevægelse?"

« Et tu penses qu'il peut tirer le poids sur une centaine de mètres ? »

"Og du tror, han kan trække vægten hundrede meter?"

Thornton répondit froidement : « Oui. Buck est assez doué pour le faire. »

Thornton svarede køligt: "Ja. Buck er hund nok til at gøre det."

« Il mettra mille livres en mouvement et le tirera sur une centaine de mètres. »

"Han sætter tusind pund i bevægelse og trækker det hundrede meter."

Matthewson sourit lentement et s'assura que tous les hommes entendaient ses paroles.

Matthewson smilede langsomt og sørgede for, at alle mænd hørte hans ord.

« J'ai mille dollars qui disent qu'il ne peut pas. Le voilà. »

"Jeg har tusind dollars, der siger, at han ikke kan. Der er de."

Il a claqué un sac de poussière d'or de la taille d'une saucisse sur le bar.

Han smækkede en sæk guldstøv på størrelse med en pølse på baren.

Personne ne dit un mot. Le silence devint pesant et tendu autour d'eux.

Ingen sagde et ord. Stilheden blev tung og anspændt omkring dem.

Le bluff de Thornton – s'il en était un – avait été pris au sérieux.

Thorntons bluff – hvis det var et – var blevet taget alvorligt.

Il sentit la chaleur monter sur son visage tandis que le sang affluait sur ses joues.

Han følte varmen stige op i ansigtet, mens blodet fossede op ad kinderne.

Sa langue avait pris le pas sur sa raison à ce moment-là.

Hans tunge var kommet forud for hans fornuft i det øjeblik.

Il ne savait vraiment pas si Buck pouvait déplacer mille livres.

Han vidste virkelig ikke, om Buck kunne flytte tusind pund.

Une demi-tonne ! Rien que sa taille lui pesait le cœur.

Et halvt ton! Alene størrelsen gjorde ham tung om hjertet.

Il avait foi en la force de Buck et le pensait capable.

Han havde tillid til Bucks styrke og havde troet, at han var dygtig.

Mais il n'avait jamais été confronté à ce genre de défi, pas comme celui-ci.

Men han havde aldrig stået over for den slags udfordring, ikke som denne.

Une douzaine d'hommes l'observaient tranquillement, attendant de voir ce qu'il allait faire.

Et dusin mænd iagttog ham stille og ventede på at se, hvad han ville gøre.

Il n'avait pas d'argent, ni Hans ni Pete.

Han havde ikke pengene – hverken Hans eller Pete havde.

« J'ai un traîneau dehors », dit Matthewson froidement et directement.

"Jeg har en kælk udenfor," sagde Matthewson koldt og direkte.

« Il est chargé de vingt sacs de cinquante livres chacun, tous de farine.

"Den er læsset med tyve sække, halvtreds pund hver, alt sammen mel."

« Alors ne laissez pas un traîneau manquant devenir votre excuse maintenant », a-t-il ajouté.

Så lad ikke en forsvunden slæde være din undskyldning nu," tilføjede han.

Thornton resta silencieux. Il ne savait pas quels mots lui dire.

Thornton stod tavs. Han vidste ikke, hvilke ord han skulle sige.

Il regarda les visages autour de lui sans les voir clairement.

Han kiggede rundt på ansigterne uden at se dem tydeligt.

Il ressemblait à un homme figé dans ses pensées, essayant de redémarrer.

Han lignede en mand, der var fastlåst i sine tanker, og som prøvede at genstarte.

Puis il a vu Jim O'Brien, un ami de l'époque Mastodon.

Så så han Jim O'Brien, en ven fra Mastodon-dagene.

Ce visage familier lui a donné un courage qu'il ne savait pas avoir.

Det velkendte ansigt gav ham et mod, han ikke vidste, han havde.

Il se tourna et demanda à voix basse : « Peux-tu me prêter mille ? »

Han vendte sig om og spurgte med lav stemme: "Kan du låne mig tusind?"

« Bien sûr », dit O'Brien, laissant déjà tomber un lourd sac près de l'or.

"Javisst," sagde O'Brien, idet han allerede smed en tung sæk ved siden af guldet.

« Mais honnêtement, John, je ne crois pas que la bête puisse faire ça. »

"Men ærligt talt, John, tror jeg ikke, at udyret kan gøre dette."

Tout le monde dans le Saloon Eldorado s'est précipité dehors pour voir l'événement.

Alle i Eldorado Saloon skyndte sig udenfor for at se begivenheden.

Ils ont laissé les tables et les boissons, et même les jeux ont été interrompus.

De forlod borde og drikkevarer, og selv spillene blev sat på pause.

Les croupiers et les joueurs sont venus assister à la fin de ce pari audacieux.

Dealere og spillere kom for at være vidne til det dristige væddemåls afslutning.

Des centaines de personnes se sont rassemblées autour du traîneau dans la rue glacée.

Hundredvis samledes omkring slæden på den isglatte åbne gade.

Le traîneau de Matthewson était chargé d'une charge complète de sacs de farine.

Matthewsons slæde stod med en fuld last af melsække.

Le traîneau était resté immobile pendant des heures à des températures négatives.

Slæden havde stået i timevis i minusgrader.

Les patins du traîneau étaient gelés et collés à la neige tassée.

Slædens meder var frosset fast til den pakket sne.

Les hommes ont offert une cote de deux contre un que Buck ne pourrait pas déplacer le traîneau.

Mændene tilbød to til en odds på, at Buck ikke kunne flytte slæden.

Une dispute a éclaté sur ce que signifiait réellement « sortir ».

Der opstod en diskussion om, hvad "bryde ud" egentlig betød.

O'Brien a déclaré que Thornton devrait desserrer la base gelée du traîneau.

O'Brien sagde, at Thornton skulle løsne slædens frosne bund.

Buck pourrait alors « sortir » d'un départ solide et immobile.

Buck kunne så "bryde ud" fra en solid, ubevægelig start.

Matthewson a soutenu que le chien devait également libérer les coureurs.

Matthewson argumenterede for, at hunden også skulle slippe løberne fri.

Les hommes qui avaient entendu le pari étaient d'accord avec le point de vue de Matthewson.

Mændene, der havde hørt væddemålet, var enige i Matthewsons synspunkt.

Avec cette décision, les chances sont passées à trois contre un contre Buck.

Med den kendelse steg oddsene til tre til en mod Buck.

Personne ne s'est manifesté pour prendre en compte les chances croissantes de trois contre un.

Ingen trådte frem for at tage imod de voksende odds på tre til en.

Pas un seul homme ne croyait que Buck pouvait accomplir un tel exploit.

Ikke en eneste mand troede på, at Buck kunne udføre den store bedrift.

Thornton s'était précipité dans le pari, lourd de doutes.

Thornton var blevet presset ind i væddemålet, tynget af tvivl.

Il regarda alors le traîneau et l'attelage de dix chiens à côté.

Nu kiggede han på slæden og spandet på ti hunde ved siden af den.

En voyant la réalité de la tâche, elle semblait encore plus impossible.

At se opgavens realitet fik den til at virke mere umulig.

Matthewson était plein de fierté et de confiance à ce moment-là.

Matthewson var fuld af stolthed og selvtillid i det øjeblik.

« Trois contre un ! » cria-t-il. « Je parie mille de plus, Thornton !

„Tre til en!" råbte han. „Jeg vædder med tusind mere, Thornton!"

« Que dites-vous ? » ajouta-t-il, assez fort pour que tout le monde l'entende.

"Hvad siger du?" tilføjede han højt nok til, at alle kunne høre det.

Le visage de Thornton exprimait ses doutes, mais son esprit s'était élevé.

Thorntons ansigt viste hans tvivl, men hans humør var steget.

Cet esprit combatif ignorait les probabilités et ne craignait rien du tout.

Den kampånd ignorerede odds og frygtede slet ingenting.

Il a appelé Hans et Pete pour apporter tout leur argent sur la table.

Han ringede til Hans og Pete for at få dem til at bringe alle deres penge til bordet.

Il ne leur restait plus grand-chose : seulement deux cents dollars au total.

De havde kun lidt tilbage – kun to hundrede dollars tilsammen.

Cette petite somme représentait toute leur fortune pendant les temps difficiles.

Denne lille sum var deres samlede formue i vanskelige tider.

Pourtant, ils ont misé toute leur fortune contre le pari de Matthewson.

Alligevel satsede de hele formuen mod Matthewsons væddemål.

L'attelage de dix chiens a été dételé et éloigné du traîneau.

Spandet på ti hunde blev fraspændt og bevægede sig væk fra slæden.

Buck a été placé dans les rênes, portant son harnais familier.

Buck blev sat i tøjlerne, iført sin velkendte sele.

Il avait capté l'énergie de la foule et ressenti la tension.

Han havde fanget mængdens energi og mærket spændingen.

D'une manière ou d'une autre, il savait qu'il devait faire quelque chose pour John Thornton.

På en eller anden måde vidste han, at han var nødt til at gøre noget for John Thornton.

Les gens murmuraient avec admiration devant la fière silhouette du chien.

Folk mumlede af beundring over hundens stolte skikkelse.

Il était mince et fort, sans une seule once de chair supplémentaire.

Han var slank og stærk, uden en eneste ekstra gram kød.

Son poids total de cent cinquante livres n'était que puissance et endurance.

Hans fulde vægt på hundrede og halvtreds pund var ren kraft og udholdenhed.

Le pelage de Buck brillait comme de la soie, épais de santé et de force.

Bucks pels glimtede som silke, tyk af sundhed og styrke.

La fourrure le long de son cou et de ses épaules semblait se soulever et se hérisser.

Pelsen langs hans hals og skuldre syntes at løfte sig og få stritter i håret.

Sa crinière bougeait légèrement, chaque cheveu vivant de sa grande énergie.

Hans man bevægede sig let, hvert hårstrå levende med hans store energi.

Sa large poitrine et ses jambes fortes correspondaient à sa silhouette lourde et robuste.

Hans brede brystkasse og stærke ben matchede hans tunge, robuste kropsbygning.

Des muscles ondulaient sous son manteau, tendus et fermes comme du fer lié.

Musklerne bølgede under hans frakke, stramme og faste som bundet jern.

Les hommes le touchaient et juraient qu'il était bâti comme une machine en acier.

Mænd rørte ved ham og svor, at han var bygget som en stålmaskine.

Les chances ont légèrement baissé à deux contre un contre le grand chien.

Oddsene faldt en smule til to til en mod den store hund.

Un homme des bancs de Skookum s'avança en bégayant.

En mand fra Skookum-bænkene skubbede sig frem, stammende.

« Bien, monsieur ! J'offre huit cents pour lui – avant l'examen, monsieur ! »

"Godt, hr.! Jeg tilbyder otte hundrede for ham – før prøven, hr.!"

« Huit cents, tel qu'il est en ce moment ! » insista l'homme.

"Otte hundrede, som han står lige nu!" insisterede manden.

Thornton s'avança, sourit et secoua calmement la tête.

Thornton trådte frem, smilede og rystede roligt på hovedet.

Matthewson est rapidement intervenu avec une voix d'avertissement et un froncement de sourcils.

Matthewson trådte hurtigt til med en advarende stemme og et rynket pande.

« Éloignez-vous de lui », dit-il. « Laissez-lui de l'espace. »

"Du skal træde væk fra ham," sagde han. "Giv ham plads."

La foule se tut ; seuls les joueurs continuaient à miser deux contre un.

Mængden blev stille; kun spillerne tilbød stadig to til en.

Tout le monde admirait la carrure de Buck, mais la charge semblait trop lourde.

Alle beundrede Bucks bygning, men lasten så for stor ud.

Vingt sacs de farine, pesant chacun cinquante livres, semblaient beaucoup trop.

Tyve sække mel – hver på halvtreds pund – virkede alt for meget.

Personne n'était prêt à ouvrir sa bourse et à risquer son argent.

Ingen var villige til at åbne deres pung og risikere deres penge.

Thornton s'agenouilla à côté de Buck et prit sa tête à deux mains.

Thornton knælede ved siden af Buck og tog hans hoved i begge hænder.

Il pressa sa joue contre celle de Buck et lui parla à l'oreille.

Han pressede sin kind mod Bucks og talte i hans øre.

Il n'y avait plus de secousses enjouées ni d'insultes affectueuses murmurées.

Der var ingen legende rysten eller hviskede kærlige fornærmelser nu.

Il murmura simplement doucement : « Autant que tu m'aimes, Buck. »

Han mumlede kun sagte: "Lige så meget som du elsker mig, Buck."

Buck émit un gémissement silencieux, son impatience à peine contenue.

Buck udstødte et stille klynk, hans iver knap nok behersket.

Les spectateurs observaient avec curiosité la tension qui emplissait l'air.

Tilskuerne så med nysgerrighed på, mens spændingen fyldte luften.

Le moment semblait presque irréel, comme quelque chose qui dépassait la raison.

Øjeblikket føltes næsten uvirkeligt, som noget hinsides al fornuft.

Lorsque Thornton se leva, Buck prit doucement sa main dans ses mâchoires.

Da Thornton rejste sig, tog Buck blidt hans hånd mellem kæberne.

Il appuya avec ses dents, puis relâcha lentement et doucement.

Han pressede ned med tænderne, og slap derefter langsomt og forsigtigt.

C'était une réponse silencieuse d'amour, non prononcée, mais comprise.

Det var et stille svar af kærlighed, ikke udtalt, men forstået.

Thornton s'éloigna du chien et donna le signal.

Thornton trådte et godt stykke tilbage fra hunden og gav signalet.

« Maintenant, Buck », dit-il, et Buck répondit avec un calme concentré.

"Nå, Buck," sagde han, og Buck svarede med fokuseret ro.

Buck a resserré les traces, puis les a desserrées de quelques centimètres.

Buck strammede skinnerne og løsnede dem derefter et par centimeter.

C'était la méthode qu'il avait apprise ; sa façon de briser le traîneau.

Dette var den metode, han havde lært; hans måde at bryde slæden på.

« Tiens ! » cria Thornton, sa voix aiguë dans le silence pesant.

"Hold da op!" råbte Thornton med skarp stemme i den tunge stilhed.

Buck se tourna vers la droite et se jeta de tout son poids.

Buck drejede til højre og kastede sig ud med al sin vægt.

Le mou disparut et toute la masse de Buck heurta les lignes serrées.

Slæbet forsvandt, og Bucks fulde masse ramte de snævre spor.

Le traîneau tremblait et les patins émettaient un bruit de crépitement.

Slæden dirrede, og mederne lavede en sprød knitrende lyd.

« Haw ! » ordonna Thornton, changeant à nouveau la direction de Buck.

„Ha!" kommanderede Thornton og ændrede Bucks retning igen.

Buck répéta le mouvement, cette fois en tirant brusquement vers la gauche.

Buck gentog bevægelsen, denne gang trak han skarpt til venstre.

Le traîneau craquait plus fort, les patins claquaient et se déplaçaient.

Slæden knitrede højere, mederne knirkede og flyttede sig.

La lourde charge glissait légèrement latéralement sur la neige gelée.

Den tunge last gled let sidelæns hen over den frosne sne.

Le traîneau s'était libéré de l'emprise du sentier glacé !

Slæden var løsrevet fra den isglatte stis greb!

Les hommes retenaient leur souffle, ignorant qu'ils ne respiraient même pas.

Mændene holdt vejret, uvidende om at de slet ikke trak vejret.

« Maintenant, TIREZ ! » cria Thornton à travers le silence glacial.

"Nu, TRÆK!" råbte Thornton gennem den frosne stilhed.

L'ordre de Thornton résonna fort, comme le claquement d'un fouet.

Thorntons kommando rungede skarpt, som lyden af en piske.

Buck se jeta en avant avec un mouvement violent et saccadé.

Buck kastede sig fremad med et voldsomt og rystende udfald.

Tout son corps se tendit et se contracta sous l'énorme tension.

Hele hans krop spændtes og sammenkrøbledes på grund af den massive belastning.

Des muscles ondulaient sous sa fourrure comme des serpents prenant vie.

Musklerne bølgede under hans pels som slanger, der kom til live.

Sa large poitrine était basse, la tête tendue vers l'avant en direction du traîneau.

Hans store brystkasse var lav, hovedet strakt frem mod slæden.

Ses pattes bougeaient comme l'éclair, ses griffes tranchant le sol gelé.

Hans poter bevægede sig som lyn, kløer skar den frosne jord.

Des rainures ont été creusées profondément alors qu'il luttait pour chaque centimètre de traction.

Der blev skåret dybt i sporene, mens han kæmpede for hver en centimeter af trækkraft.

Le traîneau se balança, trembla et commença un mouvement lent et agité.

Slæden rokkede, dirrede og begyndte en langsom, urolig bevægelse.

Un pied a glissé et un homme dans la foule a gémi à haute voix.

Den ene fod gled, og en mand i mængden stønnede højt.

Puis le traîneau s'élança en avant dans un mouvement saccadé et brusque.

Så kastede slæden sig fremad i en rykkende, ru bevægelse.

Cela ne s'est pas arrêté à nouveau - un demi-pouce... un pouce... deux pouces de plus.

Den stoppede ikke igen – en halv tomme ... en tomme ... to tommer mere.

Les secousses devinrent plus faibles à mesure que le traîneau commençait à prendre de la vitesse.

Rykkene blev mindre, efterhånden som slæden begyndte at tage fart.

Bientôt, Buck tirait avec une puissance douce et régulière.

Snart trak Buck med jævn, jævn rullekraft.

Les hommes haletèrent et finirent par se rappeler de respirer à nouveau.

Mændene gispede og huskede endelig at trække vejret igen.

Ils n'avaient pas remarqué que leur souffle s'était arrêté de stupeur.

De havde ikke bemærket, at deres åndedræt var holdt op i ærefrygt.

Thornton courait derrière, lançant des ordres courts et joyeux.

Thornton løb bagved og råbte korte, muntre kommandoer.

Devant nous se trouvait une pile de bois de chauffage qui marquait la distance.

Forude lå en stak brænde, der markerede afstanden.

Alors que Buck s'approchait du tas, les acclamations devenaient de plus en plus fortes.

Efterhånden som Buck nærmede sig bunken, blev jubelråbene højere og højere.

Les acclamations se sont transformées en rugissement lorsque Buck a dépassé le point d'arrivée.

Jubelråbene voksede til et brøl, da Buck passerede slutpunktet.

Les hommes ont sauté et crié, même Matthewson a esquissé un sourire.

Mænd hoppede og råbte, selv Matthewson brød ud i et smil.

Les chapeaux volaient dans les airs, les mitaines étaient lancées sans réfléchir ni viser.

Hatte fløj op i luften, vanter blev kastet uden tanke eller sigte.

Les hommes se sont attrapés et se sont serré la main sans savoir à qui.

Mændene greb fat i hinanden og gav hånd uden at vide hvem.

Toute la foule bourdonnait d'une célébration folle et joyeuse.

Hele mængden summede af vild, glædelig jubel.

Thornton tomba à genoux à côté de Buck, les mains tremblantes.

Thornton faldt på knæ ved siden af Buck med rystende hænder.

Il pressa sa tête contre celle de Buck et le secoua doucement d'avant en arrière.

Han pressede sit hoved mod Bucks og rystede ham blidt frem og tilbage.

Ceux qui s'approchaient l'entendaient maudire le chien avec un amour silencieux.

De, der nærmede sig, hørte ham forbande hunden med stille kærlighed.

Il a insulté Buck pendant un long moment, doucement, chaleureusement, avec émotion.

Han bandede længe ad Buck – sagte, varmt og følelsesladet.

« Bien, monsieur ! Bien, monsieur ! » s'écria précipitamment le roi du Banc Skookum.

"Godt, hr.! Godt, hr.!" udbrød Skookum-bænkens konge i en fart.

« Je vous donne mille, non, douze cents, pour ce chien, monsieur ! »

"Jeg giver Dem tusind – nej, tolv hundrede – for den hund, hr.!"

Thornton se leva lentement, les yeux brillants d'émotion.

Thornton rejste sig langsomt, hans øjne strålede af følelser.

Les larmes coulaient ouvertement sur ses joues sans aucune honte.

Tårer strømmede åbenlyst ned ad hans kinder uden nogen skam.

« Monsieur », dit-il au roi du banc Skookum, ferme et posé.

"Herre," sagde han til kongen af Skookum-bænken, rolig og fast

« Non, monsieur. Allez au diable, monsieur. C'est ma réponse définitive. »

"Nej, hr. De kan gå ad helvede til, hr. Det er mit endelige svar."

Buck attrapa doucement la main de Thornton dans ses mâchoires puissantes.

Buck greb forsigtigt Thorntons hånd med sine stærke kæber.

Thornton le secoua de manière enjouée, leur lien étant plus profond que jamais.

Thornton rystede ham legende, deres bånd var så dybt som altid.

La foule, émue par l'instant, recula en silence.

Publikum, bevæget af øjeblikket, trådte tilbage i stilhed.

Dès lors, personne n'osa interrompre cette affection si sacrée.

Fra da af turde ingen afbryde en sådan hellig hengivenhed.

Le son de l'appel
Lyden af kaldet

Buck avait gagné seize cents dollars en cinq minutes.
Buck havde tjent seksten hundrede dollars på fem minutter.

Cet argent a permis à John Thornton de payer une partie de ses dettes.
Pengene gjorde det muligt for John Thornton at betale noget af sin gæld af.

Avec le reste de l'argent, il se dirigea vers l'Est avec ses partenaires.
Med resten af pengene drog han østpå med sine partnere.

Ils cherchaient une mine perdue légendaire, aussi vieille que le pays lui-même.
De ledte efter en sagnomspunden, forsvundet mine, lige så gammel som landet selv.

Beaucoup d'hommes avaient cherché la mine, mais peu l'avaient trouvée.
Mange mænd havde ledt efter minen, men få havde nogensinde fundet den.

Plus d'un homme avait disparu au cours de cette quête dangereuse.
Mere end et par mænd var forsvundet under den farlige søgen.

Cette mine perdue était enveloppée à la fois de mystère et d'une vieille tragédie.
Denne tabte mine var indhyllet i både mystik og gammel tragedie.

Personne ne savait qui avait été le premier homme à découvrir la mine.
Ingen vidste, hvem den første mand, der fandt minen, havde været.

Les histoires les plus anciennes ne mentionnent personne par son nom.
De ældste historier nævner ingen ved navn.

Il y avait toujours eu là une vieille cabane délabrée.
Der havde altid stået en gammel, faldefærdig hytte der.

Des hommes mourants avaient juré qu'il y avait une mine à côté de cette vieille cabane.

Døende mænd havde svoret, at der var en mine ved siden af den gamle hytte.

Ils ont prouvé leurs histoires avec de l'or comme on n'en trouve nulle part ailleurs.

De beviste deres historier med guld som intet andetsteds.

Aucune âme vivante n'avait jamais pillé le trésor de cet endroit.

Ingen levende sjæl havde nogensinde plyndret skatten fra det sted.

Les morts étaient morts, et les morts ne racontent pas d'histoires.

De døde var døde, og døde mænd fortæller ingen historier.

Thornton et ses amis se dirigèrent donc vers l'Est.

Så drog Thornton og hans venner mod øst.

Pete et Hans se sont joints à eux, amenant Buck et six chiens forts.

Pete og Hans sluttede sig til, og medbragte Buck og seks stærke hunde.

Ils se sont lancés sur un chemin inconnu là où d'autres avaient échoué.

De begav sig ud ad en ukendt sti, hvor andre havde fejlet.

Ils ont parcouru soixante-dix milles en traîneau sur le fleuve Yukon gelé.

De kælkede halvfems kilometer op ad den frosne Yukon-flod.

Ils tournèrent à gauche et suivirent le sentier jusqu'au Stewart.

De drejede til venstre og fulgte stien ind i Stewart-floden.

Ils passèrent le Mayo et le McQuestion, poursuivant leur route.

De passerede Mayo og McQuestion og fortsatte videre.

Le Stewart s'est rétréci en un ruisseau, traversant des pics déchiquetés.

Stewart-floden skrumpede ind i en strøm og trådte sig langs takkede tinder.

Ces pics acérés marquaient l'épine dorsale même du continent.

Disse skarpe tinder markerede selve kontinentets rygsøjle.

John Thornton exigeait peu des hommes ou de la nature sauvage.

John Thornton krævede ikke meget af mændene eller det vilde land.

Il ne craignait rien dans la nature et affrontait la nature sauvage avec aisance.

Han frygtede intet i naturen og mødte vildmarken med lethed.

Avec seulement du sel et un fusil, il pouvait voyager où il le souhaitait.

Med kun salt og en riffel kunne han rejse, hvorhen han ville.

Comme les indigènes, il chassait de la nourriture pendant ses voyages.

Ligesom de indfødte jagtede han mad, mens han rejste.

S'il n'attrapait rien, il continuait, confiant en la chance qui l'attendait.

Hvis han ikke fangede noget, fortsatte han og stolede på heldet.

Au cours de ce long voyage, la viande était la principale nourriture qu'ils mangeaient.

På denne lange rejse var kød det vigtigste, de spiste.

Le traîneau contenait des outils et des munitions, mais aucun horaire strict.

Slæden indeholdt værktøj og ammunition, men ingen fast tidsplan.

Buck adorait cette errance, la chasse et la pêche sans fin.

Buck elskede denne vandring; den endeløse jagt og fiskeri.

Pendant des semaines, ils ont voyagé jour après jour.

I ugevis rejste de dag efter dag.

D'autres fois, ils établissaient des camps et restaient immobiles pendant des semaines.

Andre gange slog de lejre og blev stille i ugevis.

Les chiens se reposaient pendant que les hommes creusaient dans la terre gelée.

Hundene hvilede sig, mens mændene gravede gennem den frosne jord.

Ils chauffaient des poêles sur des feux et cherchaient de l'or caché.

De varmede pander over bål og ledte efter skjult guld.

Certains jours, ils souffraient de faim, et d'autres jours, ils faisaient des festins.

Nogle dage sultede de, og andre dage holdt de fester.

Leurs repas dépendaient du gibier et de la chance de la chasse.

Deres måltider afhang af vildtet og jagtens held.

Quand l'été arrivait, les hommes et les chiens chargeaient des charges sur leur dos.

Da sommeren kom, pakket mænd og hunde byrder på ryggen.

Ils ont fait du rafting sur des lacs bleus cachés dans des forêts de montagne.

De sejlede med rafting over blå søer gemt i bjergskove.

Ils naviguaient sur des bateaux minces sur des rivières qu'aucun homme n'avait jamais cartographiées.

De sejlede slanke både på floder, som intet menneske nogensinde havde kortlagt.

Ces bateaux ont été construits à partir d'arbres sciés dans la nature.

Disse både blev bygget af træer, de savede i naturen.

Les mois passèrent et ils sillonnèrent des terres sauvages et inconnues.

Månederne gik, og de snoede sig gennem de vilde, ukendte lande.

Il n'y avait pas d'hommes là-bas, mais de vieilles traces suggéraient qu'il y en avait eu.

Der var ingen mænd der, men gamle spor antydede, at der havde været mænd.

Si la Cabane Perdue était réelle, alors d'autres étaient déjà passés par là.

Hvis Den Forsvundne Hytte var virkelig, så var andre engang kommet denne vej.

Ils traversaient des cols élevés dans des blizzards, même pendant l'été.

De krydsede høje pas i snestorme, selv om sommeren.

Ils frissonnaient sous le soleil de minuit sur les pentes nues des montagnes.

De rystede under midnatssolen på bare bjergskråninger.

Entre la limite des arbres et les champs de neige, ils montaient lentement.

Mellem trægrænsen og snemarkerne klatrede de langsomt.

Dans les vallées chaudes, ils écrasaient des nuages de moucherons et de mouches.

I varme dale slog de efter skyer af myg og fluer.

Ils cueillaient des baies sucrées près des glaciers en pleine floraison estivale.

De plukkede søde bær nær gletsjere i fuldt sommerblomst.

Les fleurs qu'ils ont trouvées étaient aussi belles que celles du Southland.

Blomsterne, de fandt, var lige så smukke som dem i Sydlandet.

Cet automne-là, ils atteignirent une région solitaire remplie de lacs silencieux.

Det efterår nåede de et ensomt område fyldt med stille søer.

La terre était triste et vide, autrefois pleine d'oiseaux et de bêtes.

Landet var trist og tomt, engang levende med fugle og dyr.

Il n'y avait plus de vie, seulement le vent et la glace qui se formait dans les flaques.

Nu var der intet liv, kun vinden og isen, der dannede sig i vandhuller.

Les vagues s'écrasaient sur les rivages déserts avec un son doux et lugubre.

Bølger skvulpede mod tomme kyster med en blød, sørgmodig lyd.

Un autre hiver arriva et ils suivirent à nouveau de vieux sentiers lointains.

Endnu en vinter kom, og de fulgte igen svage, gamle stier.

C'étaient les traces d'hommes qui les avaient cherchés bien avant eux.

Dette var sporene fra mænd, der havde ledt længe før dem.

Un jour, ils trouvèrent un chemin creusé profondément dans la forêt sombre.

Engang fandt de en sti, der var hugget dybt ind i den mørke skov.

C'était un vieux sentier, et ils sentaient que la cabane perdue était proche.

Det var en gammel sti, og de følte, at den forsvundne hytte var tæt på.

Mais le sentier ne menait nulle part et s'enfonçait dans les bois épais.

Men stien førte ingen steder hen og forsvandt ind i den tætte skov.

Personne ne savait qui avait fait ce sentier et pourquoi.

Hvem der end lavede stien, og hvorfor de lavede den, vidste ingen.

Plus tard, ils ont trouvé l'épave d'un lodge caché parmi les arbres.

Senere fandt de vraget af en hytte gemt blandt træerne.

Des couvertures pourries gisaient éparpillées là où quelqu'un avait dormi.

Rådnende tæpper lå spredt, hvor nogen engang havde sovet.

John Thornton a trouvé un fusil à silex à long canon enterré à l'intérieur.

John Thornton fandt en flintlås med lang løb begravet indeni.

Il savait qu'il s'agissait d'un fusil de la Baie d'Hudson depuis les premiers jours de son commerce.

Han vidste, at dette var en Hudson Bay-kanon fra de tidlige handelsdage.

À cette époque, ces armes étaient échangées contre des piles de peaux de castor.

Dengang blev sådanne kanoner byttet for stakke af bæverskind.

C'était tout : il ne restait aucune trace de l'homme qui avait construit le lodge.

Det var alt – der var intet spor tilbage af manden, der havde bygget hytten.

Le printemps est revenu et ils n'ont trouvé aucun signe de la Cabane Perdue.

Foråret kom igen, og de fandt intet tegn på den forsvundne hytte.

Au lieu de cela, ils trouvèrent une large vallée avec un ruisseau peu profond.

I stedet fandt de en bred dal med en lavvandet bæk.

L'or recouvrait le fond des casseroles comme du beurre jaune et lisse.

Guld lå på tværs af pandebundene som glat, gult smør.

Ils s'arrêtèrent là et ne cherchèrent plus la cabane.

De stoppede der og ledte ikke længere efter hytten.

Chaque jour, ils travaillaient et trouvaient des milliers de pièces d'or en poudre.

Hver dag arbejdede de og fandt tusindvis i guldstøv.

Ils ont emballé l'or dans des sacs de peau d'élan, de cinquante livres chacun.

De pakkede guldet i sække med elgskind, halvtreds pund hver.

Les sacs étaient empilés comme du bois de chauffage à l'extérieur de leur petite loge.

Taskerne var stablet som brænde uden for deres lille hytte.

Ils travaillaient comme des géants et les jours passaient comme des rêves rapides.

De arbejdede som kæmper, og dagene gik som hurtige drømme.

Ils ont amassé des trésors au fil des jours sans fin.

De samlede skatte, mens de endeløse dage gik hurtigt forbi.

Les chiens n'avaient pas grand-chose à faire, à part transporter de la viande de temps en temps.

Der var ikke meget for hundene at lave udover at slæbe kød i ny og næ.

Thornton chassait et tuait le gibier, et Buck restait allongé près du feu.

Thornton jagede og dræbte vildtet, og Buck lå ved bålet.

Il a passé de longues heures en silence, perdu dans ses pensées et ses souvenirs.

Han tilbragte lange timer i stilhed, fortabt i tanker og erindring.

L'image de l'homme poilu revenait de plus en plus souvent à l'esprit de Buck.

Billedet af den behårede mand kom oftere ind i Bucks sind.

Maintenant que le travail se faisait rare, Buck rêvait en clignant des yeux devant le feu.

Nu hvor arbejdet var knapt, drømte Buck, mens han blinkede mod ilden.

Dans ces rêves, Buck errait avec l'homme dans un autre monde.

I disse drømme vandrede Buck med manden i en anden verden.

La peur semblait être le sentiment le plus fort dans ce monde lointain.

Frygt syntes at være den stærkeste følelse i den fjerne verden.

Buck vit l'homme poilu dormir avec la tête baissée.

Buck så den behårede mand sove med bøjet hoved.

Ses mains étaient jointes et son sommeil était agité et interrompu.

Hans hænder var foldede, og hans søvn var urolig og afbrudt.

Il se réveillait en sursaut et regardait avec crainte dans le noir.

Han plejede at vågne med et sæt og stirre frygtsomt ud i mørket.

Ensuite, il jetait plus de bois sur le feu pour garder la flamme vive.

Så kastede han mere brænde på bålet for at holde flammen lys.

Parfois, ils marchaient le long d'une plage au bord d'une mer grise et infinie.

Nogle gange gik de langs en strand ved et gråt, endeløst hav.

L'homme poilu ramassait des coquillages et les mangeait en marchant.

Den behårede mand plukkede skaldyr og spiste dem, mens han gik.

Ses yeux cherchaient toujours des dangers cachés dans l'ombre.

Hans øjne søgte altid efter skjulte farer i skyggerne.

Ses jambes étaient toujours prêtes à sprinter au premier signe de menace.

Hans ben var altid klar til at spurte ved det første tegn på trussel.

Ils rampaient à travers la forêt, silencieux et méfiants, côte à côte.

De sneg sig gennem skoven, tavse og vagtsomme, side om side.

Buck le suivit sur ses talons, et tous deux restèrent vigilants.

Buck fulgte efter ham, og de forblev begge årvågne.

Leurs oreilles frémissaient et bougeaient, leurs nez reniflaient l'air.

Deres ører dirrede og bevægede sig, deres næser snusede i luften.

L'homme pouvait entendre et sentir la forêt aussi intensément que Buck.

Manden kunne høre og lugte skoven lige så skarpt som Buck.

L'homme poilu se balançait à travers les arbres avec une vitesse soudaine.

Den behårede mand svingede sig gennem træerne med pludselig fart.

Il sautait de branche en branche, sans jamais lâcher prise.

Han sprang fra gren til gren uden at miste grebet.

Il se déplaçait aussi vite au-dessus du sol que sur celui-ci.

Han bevægede sig lige så hurtigt over jorden, som han gjorde på den.

Buck se souvenait des longues nuits passées sous les arbres, à veiller.

Buck huskede de lange nætter under træerne, hvor han holdt vagt.

L'homme dormait perché dans les branches, s'accrochant fermement.

Manden sov og hvilede i grenene og klamrede sig fast til den.

Cette vision de l'homme poilu était étroitement liée à l'appel des profondeurs.

Denne vision af den behårede mand var tæt knyttet til det dybe kald.

L'appel résonnait toujours à travers la forêt avec une force obsédante.

Kaldet lød stadig gennem skoven med hjemsøgende kraft.

L'appel remplit Buck de désir et d'un sentiment de joie incessant.

Opkaldet fyldte Buck med længsel og en rastløs følelse af glæde.

Il ressentait d'étranges pulsions et des frémissements qu'il ne pouvait nommer.

Han følte mærkelige drifter og bevægelser, som han ikke kunne navngive.

Parfois, il suivait l'appel au plus profond des bois tranquilles.

Nogle gange fulgte han kaldet dybt ind i den stille skov.

Il cherchait l'appel, aboyant doucement ou fort au fur et à mesure.

Han ledte efter kaldet, gøende sagte eller skarpt, mens han gik.

Il renifla la mousse et la terre noire où poussaient les herbes.

Han snusede til mosset og den sorte jord, hvor græsserne voksede.

Il renifla de plaisir aux riches odeurs de la terre profonde.

Han fnøs af fryd over de fyldige dufte fra den dybe jord.

Il s'est accroupi pendant des heures derrière des troncs couverts de champignons.

Han krøb sammen i timevis bag stammer dækket af svamp.

Il resta immobile, écoutant les yeux écarquillés chaque petit bruit.

Han blev stående stille og lyttede med vidtåbne øjne til hver eneste lille lyd.

Il espérait peut-être surprendre la chose qui avait lancé l'appel.

Han håbede måske at overraske den ting, der kaldte.

Il ne savait pas pourquoi il agissait de cette façon, il le faisait simplement.

Han vidste ikke, hvorfor han opførte sig sådan – han gjorde det simpelthen.

Les pulsions venaient du plus profond de moi, au-delà de la pensée ou de la raison.

Trangen kom dybt indefra, hinsides tanke eller fornuft.

Des envies irrésistibles s'emparèrent de Buck sans avertissement ni raison.

Uimodståelige lyster greb Buck uden varsel eller grund.

Parfois, il somnolait paresseusement dans le camp sous la chaleur de midi.

Til tider døsede han dovent i lejren i middagsheden.

Soudain, sa tête se releva et ses oreilles se dressèrent en alerte.

Pludselig løftede han hovedet, og hans ører skød vagtsomt op.

Puis il se leva d'un bond et se précipita dans la nature sans s'arrêter.

Så sprang han op og styrtede ud i vildmarken uden at tøve.

Il a couru pendant des heures à travers les sentiers forestiers et les espaces ouverts.

Han løb i timevis gennem skovstier og åbne vidder.

Il aimait suivre les lits des ruisseaux asséchés et espionner les oiseaux dans les arbres.

Han elskede at følge tørre bæklejer og spionere på fugle i træerne.

Il pouvait rester caché toute la journée, à regarder les perdrix se pavaner.

Han kunne ligge gemt hele dagen og se agerhønsene spankulere rundt.

Ils tambourinaient et marchaient, inconscients de la présence de Buck.

De trommet og marcherede, uvidende om Bucks stadige tilstedeværelse.

Mais ce qu'il aimait le plus, c'était courir au crépuscule en été.

Men det han elskede mest var at løbe i skumringen om sommeren.

La faible lumière et les bruits endormis de la forêt le remplissaient de joie.

Det svage lys og de søvnige skovlyde fyldte ham med glæde.

Il lisait les panneaux forestiers aussi clairement qu'un homme lit un livre.

Han læste skovens tegn lige så tydeligt, som en mand læser en bog.

Et il cherchait toujours la chose étrange qui l'appelait.

Og han ledte altid efter den mærkelige ting, der kaldte på ham.

Cet appel ne s'est jamais arrêté : il l'atteignait qu'il soit éveillé ou endormi.

Det kald holdt aldrig op – det nåede ham, uanset om han var vågen eller sovende.

Une nuit, il se réveilla en sursaut, les yeux perçants et les oreilles hautes.

En nat vågnede han med et sæt, med skarpe øjne og høje ører.

Ses narines se contractaient tandis que sa crinière se dressait en vagues.

Hans næsebor dirrede, mens hans manke stod og strittede i bølger.

Du plus profond de la forêt, le son résonna à nouveau, le vieil appel.

Fra dybt inde i skoven kom lyden igen, det gamle kald.

Cette fois, le son résonnait clairement, un hurlement long, obsédant et familier.

Denne gang lød lyden tydeligt, et langt, uhyggeligt, velkendt hyl.

C'était comme le cri d'un husky, mais d'un ton étrange et sauvage.

Det var som en huskys skrig, men mærkelig og vild i tonen.

Buck reconnut immédiatement le son – il avait entendu exactement le même son depuis longtemps.

Buck genkendte lyden med det samme – han havde hørt den præcise lyd for længe siden.

Il sauta à travers le camp et disparut rapidement dans les bois.

Han sprang gennem lejren og forsvandt hurtigt ind i skoven.

Alors qu'il s'approchait du bruit, il ralentit et se déplaça avec précaution.

Da han nærmede sig lyden, sænkede han farten og bevægede sig forsigtigt.

Bientôt, il atteignit une clairière entre d'épais pins.

Snart nåede han en lysning mellem tætte fyrretræer.

Là, debout sur ses pattes arrière, était assis un loup des bois grand et maigre.

Der, oprejst på hug, sad en høj, mager skovulv.

Le nez du loup pointait vers le ciel, résonnant toujours de l'appel.

Ulvens snude pegede mod himlen og gentog stadig kaldet.

Buck n'avait émis aucun son, mais le loup s'arrêta et écouta.

Buck havde ikke sagt nogen lyd, men ulven stoppede og lyttede.

Sentant quelque chose, le loup se tendit, scrutant l'obscurité.

Ulven fornemmede noget, spændte sig op og ledte i mørket.

Buck apparut en rampant, le corps bas, les pieds immobiles sur le sol.

Buck sneg sig til syne med lav krop og fødderne rolige på jorden.

Sa queue était droite, son corps enroulé sous la tension.

Hans hale var lige, hans krop stramt sammenrullet af spænding.

Il a montré à la fois une menace et une sorte d'amitié brutale.

Han viste både trussel og en slags hårdt venskab.

C'était le salut prudent partagé par les bêtes sauvages.

Det var den forsigtige hilsen, som vilde dyr delte.

Mais le loup se retourna et s'enfuit dès qu'il vit Buck.

Men ulven vendte sig om og flygtede, så snart den så Buck.

Buck se lança à sa poursuite, sautant sauvagement, désireux de le rattraper.

Buck satte efter den, sprang vildt, ivrig efter at indhente den.

Il suivit le loup dans un ruisseau asséché bloqué par un embâcle.

Han fulgte ulven ind i en tør bæk, der var blokeret af en tømmerprop.

Acculé, le loup se retourna et tint bon.

Indespærret snurrede ulven rundt og stod fast.

Le loup grognait et claquait comme un chien husky pris au piège dans un combat.

Ulven knurrede og snappede som en fanget husky hund i et slagsmål.

Les dents du loup claquaient rapidement, son corps se hérissant d'une fureur sauvage.

Ulvens tænder klikkede hurtigt, dens krop strittede af vild raseri.

Buck n'attaqua pas mais encercla le loup avec une gentillesse prudente.

Buck angreb ikke, men gik omkredset omkring ulven med omhyggelig venlighed.

Il a essayé de bloquer sa fuite par des mouvements lents et inoffensifs.

Han forsøgte at blokere sin flugt med langsomme, harmløse bevægelser.

Le loup était méfiant et effrayé : Buck le dépassait trois fois.

Ulven var vagtsom og bange – Buck var tre gange stærkere end ham.

La tête du loup atteignait à peine l'épaule massive de Buck.

Ulvens hoved nåede knap nok op til Bucks massive skulder.

À l'affût d'une brèche, le loup s'est enfui et la poursuite a repris.

Ulven spejdede efter et hul, flygtede, og jagten begyndte igen.

Plusieurs fois, Buck l'a coincé et la danse s'est répétée.

Flere gange trængte Buck ham op i et hjørne, og dansen gentog sig.

Le loup était maigre et faible, sinon Buck n'aurait pas pu l'attraper.

Ulven var tynd og svag, ellers kunne Buck ikke have fanget ham.

Chaque fois que Buck s'approchait, le loup se retournait et lui faisait face avec peur.

Hver gang Buck kom tættere på, snurrede ulven rundt og vendte sig mod ham i frygt.

Puis, à la première occasion, il s'est précipité dans les bois une fois de plus.

Så ved første chance skyndte han sig ind i skoven igen.

Mais Buck n'a pas abandonné et finalement le loup a fini par lui faire confiance.

Men Buck gav ikke op, og endelig kom ulven til at stole på ham.

Il renifla le nez de Buck, et les deux devinrent joueurs et alertes.

Han snøftede Bucks næse, og de to blev legesyge og årvågne.

Ils jouaient comme des animaux sauvages, féroces mais timides dans leur joie.

De legede som vilde dyr, vilde, men generte i deres glæde.

Au bout d'un moment, le loup s'éloigna au trot avec un calme déterminé.

Efter et stykke tid travede ulven afsted med roligt og beslutsomt mål.

Il a clairement montré à Buck qu'il voulait être suivi.

Han viste tydeligt Buck, at han ville følges efter.

Ils couraient côte à côte dans l'obscurité du crépuscule.

De løb side om side gennem tusmørket.

Ils suivirent le lit du ruisseau jusqu'à la gorge rocheuse.

De fulgte åens leje op i den klippefyldte kløft.

Ils traversèrent une ligne de partage des eaux froide où le ruisseau avait pris sa source.

De krydsede en kold kløft, hvor strømmen var begyndt.

Sur la pente la plus éloignée, ils trouvèrent une vaste forêt et de nombreux ruisseaux.

På den fjerne skråning fandt de en vidtstrakt skov og mange vandløb.

À travers ce vaste territoire, ils ont couru pendant des heures sans s'arrêter.

Gennem dette vidtstrakte land løb de i timevis uden at stoppe.

Le soleil se leva plus haut, l'air devint chaud, mais ils continuèrent à courir.

Solen stod højere op, luften blev varm, men de løb videre.

Buck était rempli de joie : il savait qu'il répondait à son appel.

Buck var fyldt med glæde – han vidste, at han besvarede sit kald.

Il courut à côté de son frère de la forêt, plus près de la source de l'appel.

Han løb ved siden af sin skovbror, tættere på kaldet.

De vieux sentiments sont revenus, puissants et difficiles à ignorer.

Gamle følelser vendte tilbage, stærke og svære at ignorere.

C'étaient les vérités derrière les souvenirs de ses rêves.

Dette var sandhederne bag minderne fra hans drømme.

Il avait déjà fait tout cela auparavant, dans un monde lointain et obscur.

Han havde gjort alt dette før i en fjern og skyggefuld verden.

Il recommença alors, courant librement avec le ciel ouvert au-dessus.

Nu gjorde han det igen, løb vild med den åbne himmel ovenover.

Ils s'arrêtèrent près d'un ruisseau pour boire l'eau froide qui coulait.

De stoppede ved en bæk for at drikke af det kolde, strømmende vand.

Alors qu'il buvait, Buck se souvint soudain de John Thornton.

Mens han drak, huskede Buck pludselig John Thornton.

Il s'assit en silence, déchiré par l'attrait de la loyauté et de l'appel.

Han satte sig ned i stilhed, splittet af loyalitetens og kaldelsens tiltrækningskraft.

Le loup continua à trotter, mais revint pour pousser Buck à avancer.

Ulven travede videre, men kom tilbage for at anspore Buck frem.

Il renifla son nez et essaya de le cajoler avec des gestes doux.

Han snøftede til næsen og forsøgte at lokke ham med blide gestus.

Mais Buck se retourna et reprit le chemin par lequel il était venu.

Men Buck vendte sig om og begyndte at gå tilbage den vej, han kom fra.

Le loup courut à côté de lui pendant un long moment, gémissant doucement.

Ulven løb ved siden af ham i lang tid og klynkede stille.

Puis il s'assit, leva le nez et poussa un long hurlement.

Så satte han sig ned, løftede næsen og udstødte et langt hyl.

C'était un cri lugubre, qui s'adoucit à mesure que Buck s'éloignait.

Det var et sørgmodigt skrig, der blev blødere, da Buck gik væk.

Buck écouta le son du cri s'estomper lentement dans le silence de la forêt.

Buck lyttede, mens lyden af råbet langsomt forsvandt ind i skovens stilhed.

John Thornton était en train de dîner lorsque Buck a fait irruption dans le camp.

John Thornton spiste aftensmad, da Buck brasede ind i lejren.

Buck sauta sauvagement sur lui, le léchant, le mordant et le faisant culbuter.

Buck sprang vildt på ham, slikkede, bed og væltede ham.

Il l'a renversé, s'est hissé dessus et l'a embrassé sur le visage.

Han væltede ham omkuld, kravlede ovenpå og kyssede ham i ansigtet.

Thornton appelait cela avec affection « jouer le fou du commun ».

Thornton kaldte dette at "spille den generelle nar" med hengivenhed.

Pendant tout ce temps, il maudissait doucement Buck et le secouait d'avant en arrière.

Hele tiden forbandede han blidt Buck og rystede ham frem og tilbage.

Pendant deux jours et deux nuits entières, Buck n'a pas quitté le camp une seule fois.

I to hele dage og nætter forlod Buck ikke lejren én eneste gang.

Il est resté proche de Thornton et ne l'a jamais quitté des yeux.

Han holdt sig tæt til Thornton og lod ham aldrig ud af syne.

Il le suivait pendant qu'il travaillait et le regardait pendant qu'il mangeait.

Han fulgte ham, mens han arbejdede, og holdt øje med ham, mens han spiste.

Il voyait Thornton dans ses couvertures la nuit et dehors chaque matin.

Han så Thornton ned i sine tæpper om natten og ude hver morgen.

Mais bientôt l'appel de la forêt revint, plus fort que jamais.

Men snart vendte skovens kalden tilbage, højere end nogensinde før.

Buck devint à nouveau agité, agité par les pensées du loup sauvage.

Buck blev rastløs igen, oprørt af tanker om den vilde ulv.

Il se souvenait de la terre ouverte et de la course côte à côte.

Han huskede det åbne land og det at løbe side om side.

Il commença à errer à nouveau dans la forêt, seul et alerte.

Han begyndte at vandre ind i skoven endnu engang, alene og årvågen.

Mais le frère sauvage ne revint pas et le hurlement ne fut pas entendu.

Men den vilde bror vendte ikke tilbage, og hylet blev ikke hørt.

Buck a commencé à dormir dehors, restant absent pendant des jours.

Buck begyndte at sove udenfor og blev væk i dagevis.

Une fois, il traversa la haute ligne de partage des eaux où le ruisseau commençait.

Engang krydsede han den høje kløft, hvor bækken var startet.

Il entra dans le pays des bois sombres et des larges ruisseaux.

Han kom ind i landet med mørkt træ og brede, strømmende vandløb.

Pendant une semaine, il a erré, à la recherche de signes de son frère sauvage.

I en uge strejfede han rundt og ledte efter tegn på den vilde bror.

Il tuait sa propre viande et voyageait à grands pas, sans relâche.

Han dræbte sit eget kød og rejste med lange, utrættelige skridt.

Il pêchait le saumon dans une large rivière qui se jetait dans la mer.

Han fiskede efter laks i en bred flod, der nåede ud til havet.

Là, il combattit et tua un ours noir rendu fou par les insectes.

Der kæmpede han mod og dræbte en sort bjørn, der var vanvittig af insekter.

L'ours était en train de pêcher et courait aveuglément à travers les arbres.

Bjørnen havde været ude at fiske og løb i blinde gennem træerne.

La bataille fut féroce, réveillant le profond esprit combatif de Buck.

Kampen var hård og vækkede Bucks dybe kampgejst.

Deux jours plus tard, Buck est revenu et a trouvé des carcajous près de sa proie.

To dage senere vendte Buck tilbage og fandt jerv ved sit byg.

Une douzaine d'entre eux se disputaient la viande avec une fureur bruyante.

Et dusin af dem skændtes om kødet i larmende raseri.

Buck chargea et les dispersa comme des feuilles dans le vent.

Buck angreb og spredte dem som blade i vinden.

Deux loups restèrent derrière, silencieux, sans vie et immobiles pour toujours.

To ulve blev tilbage – tavse, livløse og ubevægelige for evigt.

La soif de sang était plus forte que jamais.

Tørsten efter blod blev stærkere end nogensinde.

Buck était un chasseur, un tueur, se nourrissant de créatures vivantes.

Buck var en jæger, en morder, der levede af levende væsner.

Il a survécu seul, en s'appuyant sur sa force et ses sens aiguisés.

Han overlevede alene, idet han stolede på sin styrke og skarpe sanser.

Il prospérait dans la nature, où seuls les plus résistants pouvaient vivre.

Han trivedes i naturen, hvor kun de mest seje kunne leve.

De là, une grande fierté s'éleva et remplit tout l'être de Buck.

Fra dette rejste en stor stolthed sig og fyldte hele Bucks væsen.

Sa fierté se reflétait dans chacun de ses pas, dans le mouvement de chacun de ses muscles.

Hans stolthed viste sig i hvert eneste skridt, i bølgen i hver en muskel.

Sa fierté était aussi claire qu'un discours, visible dans la façon dont il se comportait.

Hans stolthed var lige så tydelig som tale, hvilket fremgik af, hvordan han opførte sig.

Même son épais pelage semblait plus majestueux et brillait davantage.

Selv hans tykke pels så mere majestætisk ud og glimtede klarere.

Buck aurait pu être confondu avec un loup géant.

Buck kunne være blevet forvekslet med en kæmpe skovulv.

À l'exception du brun sur son museau et des taches au-dessus de ses yeux.

Bortset fra brunt på snuden og pletter over øjnene.

Et la traînée de fourrure blanche qui courait au milieu de sa poitrine.

Og den hvide pelsstribe, der løb ned langs midten af hans bryst.

Il était encore plus grand que le plus grand loup de cette race féroce.

Han var endda større end den største ulv af den vilde race.

Son père, un Saint-Bernard, lui a donné de la taille et une ossature lourde.

Hans far, en sanktbernhardshund, gav ham størrelse og en tung kropsbygning.

Sa mère, une bergère, a façonné cette masse en forme de loup.

Hans mor, en hyrde, formede den masse til en ulvelignende form.

Il avait le long museau d'un loup, bien que plus lourd et plus large.

Han havde en ulvs lange snude, dog tungere og bredere.

Sa tête était celle d'un loup, mais construite à une échelle massive et majestueuse.

Hans hoved var en ulves, men bygget i en massiv, majestætisk skala.

La ruse de Buck était la ruse du loup et de la nature.

Bucks snuhed var ulvens og vildmarkens snuhed.

Son intelligence lui vient à la fois du berger allemand et du Saint-Bernard.

Hans intelligens kom fra både schæferhunden og sanktbernhardshunden.

Tout cela, ajouté à une expérience difficile, faisait de lui une créature redoutable.

Alt dette, plus barske erfaringer, gjorde ham til en frygtindgydende skabning.

Il était aussi redoutable que n'importe quelle bête qui parcourait les régions sauvages du nord.

Han var lige så frygtindgydende som ethvert andet dyr, der strejfede rundt i den nordlige vildmark.

Ne se nourrissant que de viande, Buck a atteint le sommet de sa force.

Buck levede udelukkende af kød og nåede sit fulde højdepunkt.

Il débordait de puissance et de force masculine dans chaque fibre de son être.

Han fløj over af magt og maskulin styrke i hver en fiber af sig.

Lorsque Thornton lui caressait le dos, ses poils brillaient d'énergie.

Da Thornton strøg ham over ryggen, funklede hårene af energi.

Chaque cheveu crépitait, chargé du contact du magnétisme vivant.

Hvert hår knitrede, ladet med en berøring af levende magnetisme.

Son corps et son cerveau étaient réglés sur le ton le plus fin possible.

Hans krop og hjerne var indstillet til den finest mulige tonehøjde.

Chaque nerf, chaque fibre et chaque muscle fonctionnaient en parfaite harmonie.

Hver nerve, fiber og muskel arbejdede i perfekt harmoni.

À tout son ou toute vue nécessitant une action, il répondait instantanément.

På enhver lyd eller syn, der krævede handling, reagerede han øjeblikkeligt.

Si un husky sautait pour attaquer, Buck pouvait sauter deux fois plus vite.

Hvis en husky sprang for at angribe, kunne Buck springe dobbelt så hurtigt.

Il a réagi plus vite que les autres ne pouvaient le voir ou l'entendre.

Han reagerede hurtigere, end andre overhovedet kunne se eller høre.

La perception, la décision et l'action se sont produites en un seul instant fluide.

Opfattelse, beslutning og handling kom alle i ét flydende øjeblik.

En vérité, ces actes étaient distincts, mais trop rapides pour être remarqués.

I sandhed var disse handlinger separate, men for hurtige til at blive bemærket.

Les intervalles entre ces actes étaient si brefs qu'ils semblaient n'en faire qu'un.

Så korte var mellemrummene mellem disse handlinger, at de syntes som én.

Ses muscles et son être étaient comme des ressorts étroitement enroulés.

Hans muskler og væsen var som tæt sammenkrøllede fjedre.

Son corps débordait de vie, sauvage et joyeux dans sa puissance.

Hans krop sprudlede af liv, vild og glædesfyldt i sin kraft.

Parfois, il avait l'impression que la force allait jaillir de lui entièrement.

Til tider følte han, at kraften ville bryde fuldstændigt ud af ham.

« Il n'y a jamais eu un tel chien », a déclaré Thornton un jour tranquille.

"Der har aldrig været sådan en hund," sagde Thornton en stille dag.

Les partenaires regardaient Buck sortir fièrement du camp.

Partnerne så Buck stolt skridte ud af lejren.

« Lorsqu'il a été créé, il a changé ce que pouvait être un chien », a déclaré Pete.

"Da han blev skabt, ændrede han, hvad en hund kan være," sagde Pete.

« Par Jésus ! Je le pense moi-même », acquiesça rapidement Hans.

"Ved Jesus! Det tror jeg selv," svarede Hans hurtigt.

Ils l'ont vu s'éloigner, mais pas le changement qui s'est produit après.

De så ham marchere væk, men ikke den forandring, der kom efter.

Dès qu'il est entré dans les bois, Buck s'est complètement transformé.

Så snart han kom ind i skoven, forvandlede Buck sig fuldstændigt.

Il ne marchait plus, mais se déplaçait comme un fantôme sauvage parmi les arbres.

Han marcherede ikke længere, men bevægede sig som et vildt spøgelse blandt træer.

Il devint silencieux, les pieds comme un chat, une lueur traversant les ombres.

Han blev tavs, med kattefødder, et glimt der gled gennem skyggerne.

Il utilisait la couverture avec habileté, rampant sur le ventre comme un serpent.

Han dækkede sig med dygtighed og kravlede på maven som en slange.

Et comme un serpent, il pouvait bondir en avant et frapper en silence.

Og ligesom en slange kunne han springe frem og slå til i stilhed.

Il pourrait voler un lagopède directement dans son nid caché.

Han kunne stjæle en rype direkte fra dens skjulte rede.

Il a tué des lapins endormis sans un seul bruit.

Han dræbte sovende kaniner uden en eneste lyd.

Il pouvait attraper des tamias en plein vol alors qu'ils fuyaient trop lentement.

Han kunne fange jordegernene midt i luften, da de flygtede for langsomt.

Même les poissons dans les bassins ne pouvaient échapper à ses attaques soudaines.

Selv fisk i damme kunne ikke undslippe hans pludselige angreb.

Même les castors astucieux qui réparaient les barrages n'étaient pas à l'abri de lui.

Selv ikke kloge bævere, der reparerede dæmninger, var sikre for ham.

Il tuait pour se nourrir, pas pour le plaisir, mais il préférait tuer ses propres victimes.

Han dræbte for mad, ikke for sjov – men kunne bedst lide sine egne drab.

Pourtant, un humour sournois traversait certaines de ses chasses silencieuses.

Alligevel løb der en snedig humor gennem nogle af hans stille jagter.

Il s'est approché des écureuils, mais les a laissés s'échapper.

Han sneg sig tæt på egern, kun for at lade dem undslippe.

Ils allaient fuir vers les arbres, bavardant dans une rage effrayée.

De ville flygte til træerne, mens de snakkede i frygtsom forargelse.

À l'arrivée de l'automne, les orignaux ont commencé à apparaître en plus grand nombre.

Da efteråret kom, begyndte elge at dukke op i større antal.

Ils se sont déplacés lentement vers les basses vallées pour affronter l'hiver.

De bevægede sig langsomt ind i de lave dale for at møde vinteren.

Buck avait déjà abattu un jeune veau errant.

Buck havde allerede nedlagt en ung, vildfaren kalv.

Mais il aspirait à affronter des proies plus grandes et plus dangereuses.

Men han længtes efter at stå over for større og farligere bytte.

Un jour, à la ligne de partage des eaux, à la tête du ruisseau, il trouva sa chance.

En dag på kløften, ved bækkens udspring, fandt han sin chance.

Un troupeau de vingt orignaux avait traversé des terres boisées.

En flok på tyve elge var krydset over fra skovområder.

Parmi eux se trouvait un puissant taureau, le chef du groupe.

Blandt dem var en mægtig tyr; gruppens leder.

Le taureau mesurait plus de six pieds de haut et avait l'air féroce et sauvage.

Tyren var over to meter høj og så vild og voldsom ud.

Il lança ses larges bois, quatorze pointes se ramifiant vers l'extérieur.

Han kastede sine brede gevirer, fjorten spidser forgrenede sig udad.

Les extrémités de ces bois s'étendaient sur sept pieds de large.

Spidserne af disse gevirer strakte sig syv fod i diameter.

Ses petits yeux brûlaient de rage lorsqu'il aperçut Buck à proximité.

Hans små øjne brændte af raseri, da han fik øje på Buck i nærheden.

Il poussa un rugissement furieux, tremblant de fureur et de douleur.

Han udstødte et rasende brøl, rystende af raseri og smerte.

Une pointe de flèche sortait près de son flanc, empennée et pointue.

En pilespids stak ud nær hans flanke, fjerklædt og skarp.

Cette blessure a contribué à expliquer son humeur sauvage et amère.

Dette sår var med til at forklare hans vilde, bitre humør.

Buck, guidé par un ancien instinct de chasseur, a fait son mouvement.

Buck, styret af ældgammel jagtinstinkt, gjorde sit træk.

Son objectif était de séparer le taureau du reste du troupeau.

Han havde til formål at adskille tyren fra resten af flokken.

Ce n'était pas une tâche facile : il fallait de la rapidité et une ruse féroce.

Det var ingen nem opgave – det krævede hurtighed og vild list.

Il aboyait et dansait près du taureau, juste hors de portée.

Han gøede og dansede nær tyren, lige uden for rækkevidde.

L'élan s'est précipité avec d'énormes sabots et des bois mortels.

Elgen forsvandt med enorme hove og dødbringende gevirer.

Un seul coup aurait pu mettre fin à la vie de Buck en un clin d'œil.

Et slag kunne have afsluttet Bucks liv på et splitsekund.

Incapable de laisser la menace derrière lui, le taureau devint fou.

Da tyren ikke kunne lægge truslen bag sig, blev den rasende.

Il chargea avec fureur, mais Buck s'échappa toujours.

Han angreb i raseri, men Buck smuttede altid væk.

Buck simula une faiblesse, l'attirant plus loin du troupeau.

Buck foregav svaghed og lokkede ham længere væk fra flokken.

Mais les jeunes taureaux allaient charger pour protéger le leader.

Men unge tyre ville storme tilbage for at beskytte lederen.

Ils ont forcé Buck à battre en retraite et le taureau à rejoindre le groupe.

De tvang Buck til at trække sig tilbage og tyren til at slutte sig til gruppen igen.

Il y a une patience dans la nature, profonde et imparable.

Der er en tålmodighed i det vilde, dyb og ustoppelig.

Une araignée attend immobile dans sa toile pendant d'innombrables heures.

En edderkop venter ubevægelig i sit spind i utallige timer.

Un serpent s'enroule sans tressaillement et attend que son heure soit venue.

En slange snor sig uden at rykke og venter, indtil tiden er inde.

Une panthère se tient en embuscade, jusqu'à ce que le moment arrive.

En panter ligger i baghold, indtil øjeblikket oprinder.

C'est la patience des prédateurs qui chassent pour survivre.

Dette er tålmodigheden hos rovdyr, der jager for at overleve.

Cette même patience brûlait à l'intérieur de Buck alors qu'il restait proche.

Den samme tålmodighed brændte i Buck, mens han blev tæt på.

Il resta près du troupeau, ralentissant sa marche et suscitant la peur.

Han blev i nærheden af flokken, bremsede dens march og vakte frygt.

Il taquinait les jeunes taureaux et harcelait les vaches mères.

Han drillede de unge tyre og chikanerede moderkøerne.

Il a plongé le taureau blessé dans une rage encore plus profonde et impuissante.

Han drev den sårede tyr ud i et dybere, hjælpeløst raseri.

Pendant une demi-journée, le combat s'est prolongé sans aucun répit.

I en halv dag trak kampen ud uden nogen hvile overhovedet.

Buck attaquait sous tous les angles, rapide et féroce comme le vent.

Buck angreb fra alle vinkler, hurtigt og voldsomt som vinden.

Il a empêché le taureau de se reposer ou de se cacher avec son troupeau.

Han forhindrede tyren i at hvile sig eller gemme sig sammen med sin flok.

Le cerf a épuisé la volonté de l'élan plus vite que son corps.

Buck udmattede elgens vilje hurtigere end dens krop.

La journée passa et le soleil se coucha bas dans le ciel du nord-ouest.

Dagen gik, og solen sank lavt på den nordvestlige himmel.

Les jeunes taureaux revinrent plus lentement pour aider leur chef.

De unge tyre vendte langsommere tilbage for at hjælpe deres leder.

Les nuits d'automne étaient revenues et l'obscurité durait désormais six heures.

Efterårsnætterne var vendt tilbage, og mørket varede nu seks timer.

L'hiver les poussait vers des vallées plus sûres et plus chaudes.

Vinteren pressede dem ned ad bakke ned i sikrere, varmere dale.

Mais ils ne pouvaient toujours pas échapper au chasseur qui les retenait.

Men de kunne stadig ikke undslippe jægeren, der holdt dem tilbage.

Une seule vie était en jeu : pas celle du troupeau, mais celle de leur chef.

Kun ét liv stod på spil – ikke flokkens, kun deres leders.

Cela rendait la menace lointaine et non leur préoccupation urgente.

Det gjorde truslen fjern og ikke deres presserende bekymring.

Au fil du temps, ils ont accepté ce prix et ont laissé Buck prendre le vieux taureau.

Med tiden accepterede de denne pris og lod Buck tage den gamle tyr.

Alors que le crépuscule s'installait, le vieux taureau se tenait debout, la tête baissée.

Da tusmørket faldt på, stod den gamle tyr med hovedet nedad.

Il regarda le troupeau qu'il avait conduit disparaître dans la lumière déclinante.

Han så den flok, han havde ført, forsvinde i det svindende lys.

Il y avait des vaches qu'il avait connues, des veaux qu'il avait autrefois engendrés.

Der var køer han havde kendt, kalve han engang var far til.

Il y avait des taureaux plus jeunes qu'il avait combattus et dominés au cours des saisons précédentes.

Der var yngre tyre, han havde kæmpet mod og hersket over i tidligere sæsoner.

Il ne pouvait pas les suivre, car Buck était à nouveau accroupi devant lui.

Han kunne ikke følge efter dem – for foran ham krøb Buck igen sammen.

La terreur impitoyable aux crocs bloquait tous les chemins qu'il pouvait emprunter.

Den nådesløse, hugtændte rædsel blokerede enhver vej, han måtte tage.

Le taureau pesait plus de trois cents livres de puissance dense.

Tyren vejede mere end tre hundrede vægt tæt kraft.

Il avait vécu longtemps et s'était battu avec acharnement dans un monde de luttes.

Han havde levet længe og kæmpet hårdt i en verden præget af kamp.

Mais maintenant, à la fin, la mort venait d'une bête bien en dessous de lui.

Men nu, til sidst, kom døden fra et bæst langt under ham.

La tête de Buck n'atteignait même pas les énormes genoux noueux du taureau.

Bucks hoved nåede ikke engang op til tyrens enorme, knoklede knæ.

À partir de ce moment, Buck resta avec le taureau nuit et jour.

Fra det øjeblik blev Buck hos tyren nat og dag.

Il ne lui a jamais laissé de repos, ne lui a jamais permis de brouter ou de boire.

Han gav ham aldrig hvile, tillod ham aldrig at græsse eller drikke.

Le taureau a essayé de manger de jeunes pousses de bouleau et des feuilles de saule.

Tyren forsøgte at spise unge birkeskud og pileblade.

Mais Buck le repoussa, toujours alerte et toujours attaquant.

Men Buck drev ham væk, altid årvågen og altid angribende.

Même dans les ruisseaux qui ruisselaient, Buck bloquait toute tentative assoiffée.

Selv ved rislende bække blokerede Buck ethvert forsøg på at slippe tørstigt.

Parfois, par désespoir, le taureau s'enfuyait à toute vitesse.

Nogle gange, i desperation, flygtede tyren i fuld fart.

Buck le laissa courir, galopant calmement juste derrière, jamais très loin.

Buck lod ham løbe, roligt løbende lige bagved, aldrig langt væk.

Lorsque l'élan s'arrêta, Buck s'allongea, mais resta prêt.

Da elgen holdt pause, lagde Buck sig ned, men forblev klar.

Si le taureau essayait de manger ou de boire, Buck frappait avec une fureur totale.

Hvis tyren forsøgte at spise eller drikke, slog Buck til med al sin raseri.

La grosse tête du taureau s'affaissait sous ses vastes bois.

Tyrens store hoved sank længere ned under dens enorme gevir.

Son rythme ralentit, le trot devint lourd, une marche trébuchante.

Hans tempo faldt, traven blev tung; en snublende skridt.

Il restait souvent immobile, les oreilles tombantes et le nez au sol.

Han stod ofte stille med hængende ører og snuden mod jorden.

Pendant ces moments-là, Buck prenait le temps de boire et de se reposer.

I disse øjeblikke tog Buck sig tid til at drikke og hvile.

La langue tirée, les yeux fixés, Buck sentait que la terre était en train de changer.

Med tungen ude, øjnene rettet, fornemmede Buck at landet var ved at forandre sig.

Il sentit quelque chose de nouveau se déplacer dans la forêt et dans le ciel.

Han følte noget nyt bevæge sig gennem skoven og himlen.

Avec le retour des orignaux, d'autres créatures sauvages ont fait de même.

Da elgene vendte tilbage, gjorde andre vilde skabninger det også.

La terre semblait vivante, avec une présence invisible mais fortement connue.

Landet føltes levende med tilstedeværelse, usynligt men stærkt kendt.

Ce n'était ni par l'ouïe, ni par la vue, ni par l'odorat que Buck le savait.

Det var hverken ved lyd, syn eller lugt, at Buck vidste dette.

Un sentiment plus profond lui disait que de nouvelles forces étaient en mouvement.

En dybere fornemmelse fortalte ham, at nye kræfter var på vej.

Une vie étrange s'agitait dans les bois et le long des ruisseaux.

Mærkeligt liv rørte sig i skovene og langs vandløbene.

Il a décidé d'explorer cet esprit, une fois la chasse terminée.

Han besluttede at udforske denne ånd, efter jagten var færdig.

Le quatrième jour, Buck a finalement abattu l'élan.

På den fjerde dag nedlagde Buck endelig elgen.

Il est resté près de la proie pendant une journée et une nuit entières, se nourrissant et se reposant.

Han blev ved byget en hel dag og nat, hvor han spiste og hvilede sig.

Il mangea, puis dormit, puis mangea à nouveau, jusqu'à ce qu'il soit fort et rassasié.

Han spiste, så sov han, og så spiste han igen, indtil han var stærk og mæt.

Lorsqu'il fut prêt, il retourna vers le camp et Thornton.

Da han var klar, vendte han tilbage mod lejren og Thornton.

D'un pas régulier, il commença le long voyage de retour vers la maison.

Med roligt tempo begyndte han den lange hjemrejse.

Il courait d'un pas infatigable, heure après heure, sans jamais s'égarer.

Han løb i sin utrættelige vandring, time efter time, uden at fare vild et eneste øjeblik.

À travers des terres inconnues, il se déplaçait droit comme l'aiguille d'une boussole.

Gennem ukendte lande bevægede han sig lige som en kompasnål.

Son sens de l'orientation faisait paraître l'homme et la carte faibles en comparaison.

Hans retningssans fik mennesket og kort til at virke svage i sammenligning.

Tandis que Buck courait, il sentait plus fortement l'agitation dans la terre sauvage.

Mens Buck løb, mærkede han stærkere røret i det vilde landskab.

C'était un nouveau genre de vie, différent de celui des mois calmes de l'été.

Det var en ny slags liv, i modsætning til de rolige sommermåneders.

Ce sentiment n'était plus un message subtil ou distant.

Denne følelse kom ikke længere som en subtil eller fjern besked.

Maintenant, les oiseaux parlaient de cette vie et les écureuils en bavardaient.

Nu talte fuglene om dette liv, og egernene snakkede om det.

Même la brise murmurait des avertissements à travers les arbres silencieux.

Selv brisen hviskede advarsler gennem de stille træer.

Il s'arrêta à plusieurs reprises et respira l'air frais du matin.

Flere gange stoppede han og indsnusede den friske morgenluft.

Il y lut un message qui le fit bondir plus vite en avant.

Der læste han en besked, der fik ham til at springe hurtigere fremad.

Un lourd sentiment de danger l'envahit, comme si quelque chose s'était mal passé.

En stærk følelse af fare fyldte ham, som om noget var gået galt.

Il craignait qu'une catastrophe ne se produise – ou ne soit déjà arrivée.

Han frygtede, at en ulykke var på vej – eller allerede var kommet.

Il franchit la dernière crête et entra dans la vallée en contrebas.

Han krydsede den sidste højderyg og kom ind i dalen nedenfor.

Il se déplaçait plus lentement, alerte et prudent à chaque pas.

Han bevægede sig langsommere, årvågen og forsigtig med hvert skridt.

À trois milles de là, il trouva une piste fraîche qui le fit se raidir.

Tre mil ude fandt han et nyt spor, der fik ham til at stivne.

Les cheveux le long de son cou ondulaient et se hérissaient d'alarme.

Håret langs hans hals bølgede og strittede i alarm.

Le sentier menait directement au camp où Thornton attendait.

Stien førte direkte mod lejren, hvor Thornton ventede.

Buck se déplaçait désormais plus rapidement, sa foulée à la fois silencieuse et rapide.

Buck bevægede sig hurtigere nu, hans skridt både lydløse og hurtige.

Ses nerfs se sont resserrés lorsqu'il a lu des signes que d'autres allaient manquer.

Hans nerver snørede sig, da han læste tegn på, at andre ville overse.

Chaque détail du sentier racontait une histoire, sauf le dernier morceau.

Hver detalje på ruten fortalte en historie – undtagen det sidste stykke.

Son nez lui parlait de la vie qui s'était déroulée ici.

Hans næse fortalte ham om det liv, der var gået forbi på denne måde.

L'odeur lui donnait une image changeante alors qu'il le suivait de près.

Duften gav ham et skiftende billede, mens han fulgte tæt efter.

Mais la forêt elle-même était devenue silencieuse, anormalement immobile.

Men selve skoven var blevet stille; unaturligt stille.

Les oiseaux avaient disparu, les écureuils étaient cachés, silencieux et immobiles.

Fuglene var forsvundet, egern var skjult, tavse og stille.

Il n'a vu qu'un seul écureuil gris, allongé sur un arbre mort.

Han så kun ét gråt egern, fladt på et dødt træ.

L'écureuil se fondait dans la masse, raide et immobile comme une partie de la forêt.

Egernet blandede sig med, stift og ubevægeligt som en del af skoven.

Buck se déplaçait comme une ombre, silencieux et sûr à travers les arbres.

Buck bevægede sig som en skygge, tavs og sikker gennem træerne.

Son nez se souleva sur le côté comme s'il était tiré par une main invisible.

Hans næse blev trukket til side, som om en usynlig hånd havde trukket i ham.

Il se retourna et suivit la nouvelle odeur jusqu'au plus profond d'un fourré.

Han vendte sig og fulgte den nye duft dybt ind i et krat.

Là, il trouva Nig, étendu mort, transpercé par une flèche.

Der fandt han Nig, liggende død, gennemboret af en pil.

La flèche traversa son corps, laissant encore apparaître ses plumes.

Skaftet gik gennem hans krop, fjerene stadig synlige.

Nig s'était traîné jusqu'ici, mais il était mort avant d'avoir pu obtenir de l'aide.

Nig havde slæbt sig derhen, men døde, før han nåede frem til hjælp.

Une centaine de mètres plus loin, Buck trouva un autre chien de traîneau.

Hundrede meter længere fremme fandt Buck en anden slædehund.

C'était un chien que Thornton avait racheté à Dawson City.

Det var en hund, som Thornton havde købt tilbage i Dawson City.

Le chien était en proie à une lutte à mort, se débattant violemment sur le sentier.

Hunden var i en dødskamp og kæmpede hårdt på stien.

Buck le contourna sans s'arrêter, les yeux fixés devant lui.

Buck gik uden at stoppe, med blikket rettet fremad.

Du côté du camp venait un chant lointain et rythmé.

Fra lejrens retning kom en fjern, rytmisk sang.

Les voix s'élevaient et retombaient sur un ton étrange, inquiétant et chantant.

Stemmer steg og faldt i en mærkelig, uhyggelig, syngende tone.

Buck rampa jusqu'au bord de la clairière en silence.

Buck kravlede frem til kanten af lysningen i stilhed.

Là, il vit Hans étendu face contre terre, percé de nombreuses flèches.

Der så han Hans ligge med ansigtet nedad, gennemboret af mange pile.

Son corps ressemblait à celui d'un porc-épic, hérissé de plumes.

Hans krop lignede et pindsvin, strittende med fjerklædte skafter.

Au même moment, Buck regarda vers le pavillon en ruine.

I samme øjeblik kiggede Buck mod den ødelagte hytte.

Cette vue lui fit dresser les cheveux sur la nuque et les épaules.

Synet fik håret til at rejse sig på hans nakke og skuldre.

Une tempête de rage sauvage parcourut tout le corps de Buck.

En storm af vildt raseri fejede gennem hele Bucks krop.

Il grogna à haute voix, même s'il ne savait pas qu'il l'avait fait.

Han knurrede højt, selvom han ikke vidste, at han havde gjort det.

Le son était brut, rempli d'une fureur terrifiante et sauvage.

Lyden var rå, fyldt med skræmmende, vild raseri.

Pour la dernière fois de sa vie, Buck a perdu la raison au profit de l'émotion.

For sidste gang i sit liv mistede Buck fornuften til fordel for følelserne.

C'est l'amour pour John Thornton qui a brisé son contrôle minutieux.

Det var kærligheden til John Thornton, der brød hans omhyggelige kontrol.

Les Yeehats dansaient autour de la hutte en épicéa détruite.

Yeehat-familien dansede rundt om den ødelagte granhytte.

Puis un rugissement retentit et une bête inconnue chargea vers eux.

Så lød et brøl – og et ukendt bæst stormede mod dem.

C'était Buck ; une fureur en mouvement ; une tempête vivante de vengeance.

Det var Buck; et raseri i bevægelse; en levende hævnstorm.

Il se jeta au milieu d'eux, fou du besoin de tuer.

Han kastede sig midt iblandt dem, rasende af trang til at dræbe.

Il sauta sur le premier homme, le chef Yeehat, et frappa juste.

Han sprang mod den første mand, Yeehat-høvdingen, og ramte sandt.

Sa gorge fut déchirée et du sang jaillit à flots.

Hans hals var flået op, og blodet sprøjtede ud i en strøm.

Buck ne s'arrêta pas, mais déchira la gorge de l'homme suivant d'un seul bond.

Buck stoppede ikke, men rev den næste mands hals over med ét spring.

Il était inarrêtable : il déchirait, taillait, ne s'arrêtait jamais pour se reposer.

Han var ustoppelig – flåede, skar, og holdt aldrig pause for at hvile.

Il s'élança et bondit si vite que leurs flèches ne purent l'atteindre.

Han pilede og sprang så hurtigt, at deres pile ikke kunne ramme ham.

Les Yeehats étaient pris dans leur propre panique et confusion.

Yeehat-familien var fanget i deres egen panik og forvirring.

Leurs flèches manquèrent Buck et se frappèrent l'une l'autre à la place.

Deres pile ramte ikke Buck og ramte i stedet hinanden.

Un jeune homme a lancé une lance sur Buck et a touché un autre homme.

En ung mand kastede et spyd mod Buck og ramte en anden mand.

La lance lui transperça la poitrine, la pointe lui transperçant le dos.

Spydet skar gennem hans bryst, og spidsen stødte ud i hans ryg.

La terreur s'empara des Yeehats et ils se mirent en retraite.

Rædsel skyllede over Yeehat-familien, og de brød på fuldt tilbagetog.

Ils crièrent à l'Esprit Maléfique et s'enfuirent dans les ombres de la forêt.

De skreg af den onde ånd og flygtede ind i skovens skygger.

Vraiment, Buck était comme un démon alors qu'il poursuivait les Yeehats.

Buck var sandelig som en dæmon, da han jagtede Yeehat-familien.

Il les poursuivit à travers la forêt, les faisant tomber comme des cerfs.

Han løb efter dem gennem skoven og fældede dem som hjorte.

Ce fut un jour de destin et de terreur pour les Yeehats effrayés.

Det blev en skæbnens og rædslernes dag for de skræmte Yeehats.

Ils se dispersèrent à travers le pays, fuyant au loin dans toutes les directions.

De spredtes over landet og flygtede vidt i alle retninger.

Une semaine entière s'est écoulée avant que les derniers survivants ne se retrouvent dans une vallée.

En hel uge gik, før de sidste overlevende mødtes i en dal.

Ce n'est qu'alors qu'ils ont compté leurs pertes et parlé de ce qui s'était passé.

Først da optalte de deres tab og talte om, hvad der var sket.

Buck, après s'être lassé de la chasse, retourna au camp en ruine.

Efter at være blevet træt af jagten vendte Buck tilbage til den ødelagte lejr.

Il a trouvé Pete, toujours dans ses couvertures, tué lors de la première attaque.

Han fandt Pete, stadig i sine tæpper, dræbt i det første angreb.

Les signes du dernier combat de Thornton étaient marqués dans la terre à proximité.

Spor af Thorntons sidste kamp var markeret i jorden i nærheden.

Buck a suivi chaque trace, reniflant chaque marque jusqu'à un point final.

Buck fulgte hvert spor og snusede til hvert mærke til et sidste punkt.

Au bord d'un bassin profond, il trouva le fidèle Skeet, allongé immobile.

Ved kanten af en dyb pool fandt han den trofaste Skeet, liggende stille.

La tête et les pattes avant de Skeet étaient dans l'eau, immobiles dans la mort.

Skeets hoved og forpoter var i vandet, ubevægelige i døden.

La piscine était boueuse et contaminée par les eaux de ruissellement provenant des écluses.

Poolen var mudret og tilsmudset med afstrømning fra sluseboksene.

Sa surface nuageuse cachait ce qui se trouvait en dessous, mais Buck connaissait la vérité.

Dens skyede overflade skjulte, hvad der lå nedenunder, men Buck kendte sandheden.

Il a suivi l'odeur de Thornton dans la piscine, mais l'odeur ne menait nulle part ailleurs.

Han sporede Thorntons duft ned i dammen – men duften førte ingen andre steder hen.

Aucune odeur ne menait à l'extérieur, seulement le silence des eaux profondes.

Der var ingen duft, der førte ud – kun stilheden af det dybt vand.

Toute la journée, Buck resta près de la piscine, arpentant le camp avec chagrin.

Hele dagen blev Buck ved dammen og gik sorgfuldt frem og tilbage i lejren.

Il errait sans cesse ou restait assis, immobile, perdu dans ses pensées.

Han vandrede rastløst omkring eller sad stille, fortabt i tunge tanker.

Il connaissait la mort, la fin de la vie, la disparition de tout mouvement.

Han kendte døden; livets afslutning; al bevægelses forsvinden.

Il comprit que John Thornton était parti et ne reviendrait jamais.

Han forstod, at John Thornton var væk og aldrig ville vende tilbage.

La perte a laissé en lui un vide qui palpitait comme la faim.

Tabet efterlod et tomrum i ham, der dunkede som sult.

Mais c'était une faim que la nourriture ne pouvait apaiser, peu importe la quantité qu'il mangeait.

Men dette var en sult, maden ikke kunne stille, uanset hvor meget han spiste.

Parfois, alors qu'il regardait les Yeehats morts, la douleur s'estompait.

Til tider, når han så på de døde Yeehats, forsvandt smerten.

Et puis une étrange fierté monta en lui, féroce et complète.

Og så steg en mærkelig stolthed i ham, voldsom og fuldstændig.

Il avait tué l'homme, le gibier le plus élevé et le plus dangereux de tous.

Han havde dræbt mennesket, det højeste og farligste spil af alle.

Il avait tué au mépris de l'ancienne loi du gourdin et des crocs.

Han havde dræbt i strid med den gamle lov om kølle og hugtand.

Buck renifla leurs corps sans vie, curieux et pensif.

Buck snusede til deres livløse kroppe, nysgerrig og tankefuld.

Ils étaient morts si facilement, bien plus facilement qu'un husky dans un combat.

De var døde så let – meget lettere end en husky i en kamp.

Sans leurs armes, ils n'avaient aucune véritable force ni menace.

Uden deres våben havde de ingen sand styrke eller trussel.

Buck n'aurait plus jamais peur d'eux, à moins qu'ils ne soient armés.

Buck ville aldrig frygte dem igen, medmindre de var bevæbnede.

Ce n'est que lorsqu'ils portaient des gourdins, des lances ou des flèches qu'il se méfiait.

Kun når de bar køller, spyd eller pile, ville han være på vagt.

La nuit tomba et une pleine lune se leva au-dessus de la cime des arbres.

Natten faldt på, og en fuldmåne steg højt over træernes toppe.

La pâle lumière de la lune baignait la terre d'une douce lueur fantomatique, comme le jour.

Månens blege lys badede landet i et blødt, spøgelsesagtigt skær som dag.

Alors que la nuit s'approfondissait, Buck pleurait toujours au bord de la piscine silencieuse.

Mens natten blev dybere, sørgede Buck stadig ved den stille dam.

Puis il prit conscience d'un autre mouvement dans la forêt.

Så blev han opmærksom på en anden bevægelse i skoven.

L'agitation ne venait pas des Yeehats, mais de quelque chose de plus ancien et de plus profond.

Oprøret kom ikke fra Yeehat-familien, men fra noget ældre og dybereliggende.

Il se leva, les oreilles dressées, le nez testant la brise avec précaution.

Han rejste sig op med løftede ører og undersøgte forsigtigt brisen med næsen.

De loin, un cri faible et aigu perça le silence.

Langt væk lød et svagt, skarpt gyl, der gennembrød stilheden.

Puis un chœur de cris similaires suivit de près le premier.

Så fulgte et kor af lignende råb tæt efter det første.

Le bruit se rapprochait, devenant plus fort à chaque instant qui passait.

Lyden kom nærmere og blev højere for hvert øjeblik, der gik.

Buck connaissait ce cri : il venait de cet autre monde dans sa mémoire.

Buck kendte dette råb – det kom fra den anden verden i hans hukommelse.

Il se dirigea vers le centre de l'espace ouvert et écouta attentivement.

Han gik hen til midten af det åbne rum og lyttede opmærksomt.

L'appel retentit, multiple et plus puissant que jamais.

Kaldet lød, mange gange nævnt og kraftigere end nogensinde.

Et maintenant, plus que jamais, Buck était prêt à répondre à son appel.

Og nu, mere end nogensinde før, var Buck klar til at besvare hans kald.

John Thornton était mort et il ne lui restait plus aucun lien avec l'homme.

John Thornton var død, og han havde intet bånd til mennesker tilbage.

L'homme et toutes ses prétentions avaient disparu : il était enfin libre.

Mennesket og alle menneskelige krav var væk – han var endelig fri.

La meute de loups chassait de la viande comme les Yeehats l'avaient fait autrefois.

Ulveflokken jagtede kød, ligesom Yeehats engang gjorde.

Ils avaient suivi les orignaux depuis les terres boisées.

De havde fulgt elge ned fra de skovklædte områder.

Maintenant, sauvages et affamés de proies, ils traversèrent sa vallée.

Nu, vilde og sultne efter bytte, krydsede de ind i hans dal.

Ils arrivèrent dans la clairière éclairée par la lune, coulant comme de l'eau argentée.

Ind i den månebelyste lysning kom de, flødende som sølvvand.

Buck se tenait immobile au centre, les attendant.

Buck stod stille i midten, ubevægelig og ventede på dem.

Sa présence calme et imposante a stupéfié la meute et l'a plongée dans un bref silence.

Hans rolige, store tilstedeværelse chokerede flokken og indtog en kort tavshed.

Alors le loup le plus audacieux sauta droit sur lui sans hésitation.

Så sprang den dristigste ulv direkte mod ham uden tøven.

Buck frappa vite et brisa le cou du loup d'un seul coup.

Buck slog hurtigt til og brækkede ulvens hals med et enkelt slag.

Il resta immobile à nouveau tandis que le loup mourant se tordait derrière lui.

Han stod ubevægelig igen, mens den døende ulv snoede sig bag ham.

Trois autres loups ont attaqué rapidement, l'un après l'autre.

Tre ulve mere angreb hurtigt, den ene efter den anden.

Chacun d'eux s'est retiré en sang, la gorge ou les épaules tranchées.

Hver af dem trak sig blødende tilbage, med overskåret hals eller skuldre.

Cela a suffi à déclencher une charge sauvage de toute la meute.

Det var nok til at sætte hele flokken i vildt angreb.

Ils se précipitèrent ensemble, trop impatients et trop nombreux pour bien frapper.

De styrtede ind sammen, for ivrige og for tæt befolkede til at slå ordentligt til.

La vitesse et l'habileté de Buck lui ont permis de rester en tête de l'attaque.

Bucks hurtighed og dygtighed tillod ham at holde sig foran angrebet.

Il tournait sur ses pattes arrière, claquant et frappant dans toutes les directions.

Han snurrede rundt på bagbenene, snappede og slog i alle retninger.

Pour les loups, cela donnait l'impression que sa défense ne s'était jamais ouverte ou n'avait jamais faibli.

For ulvene virkede det som om hans forsvar aldrig åbnede eller vaklede.

Il s'est retourné et a frappé si vite qu'ils ne pouvaient pas passer derrière lui.

Han vendte sig og huggede så hurtigt, at de ikke kunne komme bag ham.

Néanmoins, leur nombre l'obligea à céder du terrain et à reculer.

Ikke desto mindre tvang deres antal ham til at give terræn og trække sig tilbage.

Il passa devant la piscine et descendit dans le lit rocheux du ruisseau.

Han bevægede sig forbi dammen og ned i det stenede bækleje.

Là, il se heurta à un talus abrupt de gravier et de terre.

Der stødte han på en stejl skrænt af grus og jord.

Il s'est retrouvé coincé dans un coin coupé lors des fouilles des mineurs.

Han kantede sig ind i et hjørne, der blev skåret under minearbejdernes gamle udgravning.

Désormais protégé sur trois côtés, Buck ne faisait face qu'au loup de devant.

Nu, beskyttet på tre sider, stod Buck kun over for den forreste ulv.

Là, il se tenait à distance, prêt pour la prochaine vague d'assaut.

Der stod han i skak, klar til den næste bølge af angreb.

Buck a tenu bon si farouchement que les loups ont reculé.

Buck holdt stand så voldsomt, at ulvene trak sig tilbage.

Au bout d'une demi-heure, ils étaient épuisés et visiblement vaincus.

Efter en halv time var de udmattede og synligt besejrede.

Leurs langues pendaient, leurs crocs blancs brillaient au clair de lune.

Deres tunger hang ud, deres hvide hugtænder glimtede i måneskinnet.

Certains loups se sont couchés, la tête levée, les oreilles dressées vers Buck.

Nogle ulve lagde sig ned med hovederne hævet og ørerne spidse mod Buck.

D'autres restaient immobiles, vigilants et observant chacun de ses mouvements.

Andre stod stille, årvågne og iagttog hans hver bevægelse.

Quelques-uns se sont dirigés vers la piscine et ont bu de l'eau froide.

Et par stykker gik hen til poolen og drak koldt vand.

Puis un loup gris, long et maigre, s'avança doucement.

Så sneg en lang, mager grå ulv sig blidt frem.

Buck le reconnut : c'était le frère sauvage de tout à l'heure.

Buck genkendte ham – det var den vilde bror fra før.

Le loup gris gémit doucement, et Buck répondit par un gémissement.

Den grå ulv klynkede sagte, og Buck svarede med et klynk.

Ils se touchèrent le nez, tranquillement et sans menace ni peur.

De rørte ved næserne, stille og uden trussel eller frygt.

Ensuite est arrivé un loup plus âgé, maigre et marqué par de nombreuses batailles.

Dernæst kom en ældre ulv, mager og arret efter mange kampe.

Buck commença à grogner, mais s'arrêta et renifla le nez du vieux loup.

Buck begyndte at knurre, men holdt en pause og snusede til den gamle ulvs snude.

Le vieux s'assit, leva le nez et hurla à la lune.

Den gamle satte sig ned, løftede næsen og hylede mod månen.

Le reste de la meute s'assit et se joignit au long hurlement.

Resten af flokken satte sig ned og var med i det lange hyl.

Et maintenant, l'appel est venu à Buck, indubitable et fort.

Og nu kom kaldet til Buck, umiskendeligt og stærkt.

Il s'assit, leva la tête et hurla avec les autres.

Han satte sig ned, løftede hovedet og hylede sammen med de andre.

Lorsque les hurlements ont cessé, Buck est sorti de son abri rocheux.

Da hylen holdt op, trådte Buck ud af sit klippefyldte ly.

La meute se referma autour de lui, reniflant à la fois gentiment et avec prudence.

Flokken lukkede sig om ham og snusede både venligt og forsigtigt.

Les chefs ont alors poussé un cri et se sont précipités dans la forêt.

Så udstødte lederne et hyl og skyndte sig ind i skoven.

Les autres loups suivirent, hurlant en chœur, sauvages et rapides dans la nuit.

De andre ulve fulgte efter, gylpende i kor, vilde og hurtige i natten.

Buck courait avec eux, à côté de son frère sauvage, hurlant en courant.

Buck løb med dem, ved siden af sin vilde bror, mens han løb hylende.

Ici, l'histoire de Buck fait bien de se terminer.

Her gør historien om Buck det godt at få sin ende.

Dans les années qui suivirent, les Yeehats remarquèrent d'étranges loups.

I de følgende år bemærkede Yeehat-familien mærkelige ulve.

Certains avaient du brun sur la tête et le museau, du blanc sur la poitrine.

Nogle havde brune på hovedet og snuden og hvide på brystet.

Mais plus encore, ils craignaient une silhouette fantomatique parmi les loups.

Men endnu mere frygtede de en spøgelsesagtig skikkelse blandt ulvene.

Ils parlaient à voix basse du Chien Fantôme, chef de la meute.

De talte hviskende om Spøgelseshunden, flokkens leder.

Ce chien fantôme était plus rusé que le plus audacieux des chasseurs Yeehat.

Denne Spøgelseshund var mere listig end den dristigste Yeehat-jæger.

Le chien fantôme a volé dans les camps en plein hiver et a déchiré leurs pièges.

Spøgelseshunden stjal fra lejre i den høje vinter og rev deres fælder i stykker.

Le chien fantôme a tué leurs chiens et a échappé à leurs flèches sans laisser de trace.

Spøgelseshunden dræbte deres hunde og undslap deres pile sporløst.

Même leurs guerriers les plus courageux craignaient d'affronter cet esprit sauvage.

Selv deres modigste krigere frygtede at stå over for denne vilde ånd.

Non, l'histoire devient encore plus sombre à mesure que les années passent dans la nature.

Nej, fortællingen bliver endnu mørkere, som årene går i naturen.

Certains chasseurs disparaissent et ne reviennent jamais dans leurs camps éloignés.

Nogle jægere forsvinder og vender aldrig tilbage til deres fjerne lejre.

D'autres sont retrouvés la gorge arrachée, tués dans la neige.

Andre findes med revet hals op, dræbt i sneen.

Autour de leur corps se trouvent des traces plus grandes que celles que n'importe quel loup pourrait laisser.

Rundt om deres kroppe er der spor – større end nogen ulv kunne lave.

Chaque automne, les Yeehats suivent la piste de l'élan.

Hvert efterår følger Yeehats elgens spor.

Mais ils évitent une vallée avec la peur profondément gravée dans leur cœur.

Men de undgår én dal med frygt indgraveret dybt i deres hjerter.

Ils disent que la vallée a été choisie par l'Esprit du Mal pour y vivre.

De siger, at dalen er valgt af den onde ånd til sit hjem.

Et quand l'histoire est racontée, certaines femmes pleurent près du feu.

Og når historien fortælles, græder nogle kvinder ved bålet.

Mais en été, un visiteur vient dans cette vallée tranquille et sacrée.

Men en sommer, en besøgende kommer i denne stille og hellige dal.

Men om sommeren kommer én besøgende til den stille, hellige dal.

Les Yeehats ne le connaissent pas et ne peuvent pas le comprendre.

Yeehat-familien kender ikke til ham, og de kunne heller ikke forstå ham.

Le loup est un grand loup, revêtu de gloire, comme aucun autre de son espèce.

Ulven er en stor ulv, klædt i pragt, som ingen anden af sin slags.

Lui seul traverse le bois vert et entre dans la clairière de la forêt.

Han alene krydser fra det grønne træ og går ind i skovlysningen.

Là, la poussière dorée des sacs en peau d'élan s'infiltre dans le sol.

Der siver gyldent støv fra elgskindssække ned i jorden.

L'herbe et les vieilles feuilles ont caché le jaune du soleil.

Græs og gamle blade har skjult det gule for solen.

Ici, le loup se tient en silence, réfléchissant et se souvenant.

Her står ulven i stilhed, tænker og husker.

Il hurle une fois, longuement et tristement, avant de se retourner pour partir.

Han hyler én gang – langt og sørgmodigt – før han vender sig for at gå.

Mais il n'est pas toujours seul au pays du froid et de la neige.

Alligevel er han ikke altid alene i kuldens og sneens land.

Quand les longues nuits d'hiver descendent sur les basses vallées.

Når lange vinternætter sænker sig over de lavere dale.

Quand les loups suivent le gibier à travers le clair de lune et le gel.

Når ulvene følger vildt gennem måneskin og frost.

Puis il court en tête du peloton, sautant haut et sauvagement.

Så løber han i spidsen for flokken, springende højt og vildt.

Sa silhouette domine les autres, sa gorge est animée par le chant.

Hans skikkelse tårner sig op over de andre, hans hals levende af sang.

C'est le chant du monde plus jeune, la voix de la meute.

Det er den yngre verdens sang, flokkens stemme.

Il chante en courant, fort, libre et toujours sauvage.

Han synger, mens han løber – stærk, fri og evigt vild.